**걱정하지 마라
생각대로 된다**

Originally published in the USA by

Lead the Field
Copyright © 2018 – Earl Nightingale / Nightingale Conant Inc.
All rights reserved.

No part of this book may be used or reproduced in any manner whatever
without written permission except in the case of brief quotations
embodied in critical articles or reviews.
Korean Translation Copyright © 2025 by ThinkingMap Publishing Co.
Korean edition of Lead the Field is published by arrangement with
Sound Wisdom,through BC Agency, Seoul.

이 책의 한국어판 저작권은
BC에이전시를 통한 저작권자와 독점계약한 생각지도에 있습니다.
신저작권법에 의해 한국 내에서 보호를 받는 저작물이므로
무단전재와 복제를 금합니다.

걱정하지 마라
생각대로 된다

Lead the Field

얼 나이팅게일 지음   정지현 옮김

**시대를 초월한 자기계발 고전,
얼 나이팅게일의 12가지 가르침**

생각지도

들어가며

위대한 생각의 힘으로
새로운 여정을 시작합니다

 최근에 다른 사람에게 뭔가를 말해주고 싶어서 가슴 두근대며 흥분한 적 있습니까? 귀여운 강아지를 보았거나 누군가와 사랑에 빠진다는 것, 혹은 옛 친구와 재회해 우정을 다시 이어가는 것처럼 보통은 아주 단순하고 평범해 보이는 것들이 그런 반응을 불러옵니다.

 이 책에 담긴 위대한 생각들도 그런 반응을 불러일으킬 수 있습니다. 이 책을 읽고 당신의 인생은 거꾸로 뒤집힐 수도 있습니다. 갑자기 불이 환히 켜진 것처럼 세상이 전보다 더 선명하게 보일 것입니다. 미처 알아차리지 못했을 뿐 위대한 생각이 밝혀주기를 기다리며 항상 그 자리에 있었던 기회들이 새로운 빛을 띠게 되는 것이죠.

이 책을 집필한 얼 나이팅게일의 다채로운 경력은 위대한 생각과 태도가 우리의 삶과 우리가 달성하는 성공에 어떤 영향을 미치는지를 확인시켜줍니다. 10대의 얼은 최악에 달한 대공황으로 힘들어하는 가족과 친구들을 지켜보았습니다. 책 한 권을 살 여유조차 없었기에 그는 동네 도서관에서 답을 찾으려 애썼죠. 그가 찾고자 하는 답은 더 나은 삶으로 가는 열쇠였습니다. 그는 평생 독서에 대한 열정을 놓지 않으며 답을 찾기를 게을리하지 않았습니다.

얼은 제2차 세계대전 때 미 해병대에서 복무한 후 유명 방송인이 되었습니다. 평생 수많은 오디오와 비디오 프로그램을 만들었고, 그의 책은 베스트셀러가 되었으며 7,000개 이상의 라디오와 TV 코멘터리를 썼습니다. 〈세상에서 가장 이상한 비밀The Strangest Secret〉 LP를 100만 장 이상 판매하면서 황금 레코드, 토스트마스터즈 인터내셔널Toastmasters International의 골든 게이블상Golden Gavel Award을 받았고, 문학적 탁월함을 평가해 수여하는 나폴레온 힐 재단 골드 메달상Napoleon Hill Foundation Gold Medal Award도 받았습니다.

그는 사업가, 작가, 강연가, 녹음 전문가, 라디오와 TV 해설자로서 남긴 업적을 인정받아 수많은 상을 받았으며, 국제 강연가 명예의 전당과 라디오 방송인협회 명예의 전당에도 이름을 올렸습니다.

얼 나이팅게일은 1960년대 초에 사람들이 성공의 진정한 씨앗을 이해하고 뿌릴 수 있도록 돕기 위해 〈걱정하지 마라 생각대로 된다〉(원제: Lead the Field) 프로그램을 작성하고 녹음했습니다. 수많은 비즈니스 리더들과 최고 경영진들은 이 프로그램을 통해 얼 나이팅게일의 통찰력과 가르침을 자신의 경영 철학에 반영했습니다. 이후 이 프로그램은 종종 '회장의 프로그램'이라고 불리며 역사상 다른 어떤 프로그램보다 많은 백만장자를 만들어냈고, 더 많은 성공을 이루어내기 시작했습니다.

전설적인 자기계발의 대가 밥 프록터는 그 사례 중 하나였습니다. 겨우 한두 푼 모을 수밖에 없었던 상태에서 그는 광범위하고 수익성 높은 사업을 운영하는 사람으로 성장했습니다. 얼 나이팅게일이 만든 〈걱정하지 마라 생각대로 된다〉에 큰 영향을 받은 밥 프록터는 이 거장으로부터 계속 배우고 싶어서 그와 함께 일할 방법을 찾으려 노력했습니다. 그리고 결국 나이팅게일-코넌트 법인에서 여러 해 동안 나이팅게일과 함께 일했습니다.

밥 프록터는 얼 나이팅게일의 가르침을 꾸준히 알려 왔습니다. 그는 얼 나이팅게일의 프로그램을 기본으로 자신만의 프로그램을 만들기도 했습니다. '마법의 단어The Magic word'는 그 프로그램의 첫 번째 수업이고, 밥 프록터가 가장 중요하게 여기는 수업입니다. 태도에 관한 모든 것이기 때문입니다. 태도는 매우 중요하고 놀랄 정도로 간단합니다. 하지만 엄청나게 오해받는 것 중 하나입니다. 밥 프록터가 그토록 강조한 '마법의 단어'가 바로 이 책에서 소개하는 첫 번째 내용입니다.

이 책은 〈걱정하지 마라 생각대로 된다〉 프로그램을 수정하고 보완해 쓴, 나이팅게일-코넌트 그룹이 보증하는 공식 도서로 당신을 새로운 길이자 오래되고 친숙한 길로 인도할 것입니다. 당신은 '태도'와 '서비스',

'목표', '서비스' 같은 단어에 담긴 생각지 못한 힘을 발견할 것입니다. '지적 객관성'과 '건설적인 불만'의 유용함도 배우겠지요. 뿐만 아니라 이 책을 읽을 때마다 '다이아몬드의 땅'에서 보석을 발견하게 될 것입니다.

지금까지 수많은 이들이 이 책에서 위대한 생각의 힘과 부자의 태도를 배웠고 도움을 받았습니다. 이 책은 얼 나이팅게일이 평생에 걸쳐 연구하고, 읽고, 다듬은 생각들을 종합한 가장 실용적이면서도 핵심만을 간추린 것입니다. 모든 분야에서 '선두에 설 수 있는' 공식을 12가지로 정리해 담았습니다. 그 유명한 '마법의 단어'를 시작으로 지금부터 자기계발 분야에서 시대를 초월한 고전으로 인정받는 메시지를 만나보시죠.

차례

들어가며 ······ 005

CHAPTER 1　마법의 단어 ······ 013

CHAPTER 2　다이아몬드의 땅 ······ 039

CHAPTER 3　가치 있는 목적지 ······ 059

CHAPTER 4　마음의 기적 ······ 087

CHAPTER 5　원인과 결과의 법칙 ······ 109

CHAPTER 6　성취를 위한 씨앗 ······ 135

CHAPTER 7　성공이 더 쉽다 ······ 155

CHAPTER 8　당신의 가치는 얼마인가 ······ 171

CHAPTER 9　머니 토크 ······ 189

CHAPTER 10　숨길 수 없는 단 하나 ······ 207

CHAPTER 11　오늘의 가장 위대한 모험 ······ 223

CHAPTER 12　백마 탄 리더 ······ 239

CHAPTER 1

마법의 단어

The Magic Word

새 책으로 인사드립니다. 이 책은 우리 삶에 질서와 성공을 가져다줄 12가지 생각에 관한 것입니다. 수 세기 동안 다듬어져온 그 위대한 생각들은 우리가 어떤 목표를 선택하든 삶을 이끌어주는 커다란 원동력으로 기적을 만들어낼 것입니다. 목적지를 향해 안전하게 항해할 수 있도록 별자리가 되어줄 것입니다.

스페인의 위대한 철학자 호세 오르테가 이 가세트 Jose Ortega y Gasset에 따르면, 인간은 방향 감각이 없는 상태로 태어나는 유일한 종이라고 합니다. 다른 종은 모두 자각이나 질문할 능력이 없는 상태, 즉 본능에 따라 살아갑니다. 하지만 인간은 자신의 고유한 세계를 스스로 창조할 수 있는 마치 신과 같은 능력을 부여받았습니다.

실제로 모든 인간은 평생 자신의 삶을 창조해나갑니다. 오늘 하루의 행동과 생각이 내일의 모습과 본질을 결정합니다. 어떤 이의 생각과 행동은 자연스럽게도 놀라운 성취와 보상으로 이어집니다. 하지만 대다수의 생각과 행동은 그저 그런 평범한 수준의 결과를 가져올 뿐이죠. 스스로 질문하거나 고민하지 않고 단순히 남들을 흉내 내며 따라 하기 때문입니다. 주체적이지 못한 생각과 행동은 반복적인 좌절과 문제로 이어지고, 결국 자신이 원하는 삶과는 멀어지게 만듭니다.

인간의 성공과 실패를 좌우하는 것은 운이나 상황, 인맥 등 오래된 신화나 상투적인 것들이 아닙니다. 성공은 누구나 따를 수 있는 지침, 즉 상식적인 규칙의 패러다임을 따릅니다.

이 책은 지금까지 만들어진 그 어떤 프로그램보다 더 많은 이들의 삶을 변화시켰습니다. 더 많은 성공 사례를 탄생시켰고, 더 많은 백만장자를 만들어냈으며, 더 많은 커리어와 중요한 일자리, 결혼생활을 구제했습니다. 여기에 담긴 성공의 법칙은 변하지 않습니다.

CHAPTER 1 : 마법의 단어

어떤 상황이나 어떤 조건에도 적용됩니다. 우리는 '지금 이 상황에서 무엇이 효과적일까?' 물어볼 필요가 없습니다. 이 책에 나오는 생각을 우리의 것으로 만들기만 하면 됩니다. 그 법칙은 제가 '마법의 단어The Magic Word'라고 부르는 것으로 시작합니다.

누구나 삶에서, 집에서, 직장에서, 다른 사람들과의 관계에서 좋은 결과를 원합니다. 매일, 매주, 매월, 매년 변함없이 좋은 결과를 보장하는 가장 중요한 단 하나는 바로 건강한 태도입니다. '태도Attitude'가 바로 마법의 단어입니다.

태도는 '행동이나 감정, 기분을 보여주는 자세 또는 취하는 견해'라고 정의할 수 있습니다. 나의 행동이나 감정, 기분이 타인의 행동과 감정, 기분을 결정합니다. 우리의 태도는 우리가 무엇을 기대하는지를 세상에 알려줍니다. 만약 밝고 긍정적인 태도라면 만나는 모든 사람에게 우리가 세상과의 거래에서 가장 좋은 것을 기대하고 있음을 전합니다.

사람은 자신의 기대에 부응하는 경향이 있습니다. 다른 사람들도 우리가 기대하는 만큼의 태도를 보여주려고 노력합니다. 우리의 태도는 우리가 통제할 수 있습니다. 매일 아침 하루를 시작할 때 우리는 자신의 태도를 직접 결정할 수 있습니다. 그 사실을 깨닫든 그렇지 못하든 우리는 이미 그렇게 하고 있습니다. 가족을 비롯해 우리의 세상에 속한 사람들은 우리가 그들에게 보이는 태도를 거울처럼 그대로 비춰줍니다.

따라서 인생을 대하는 우리의 태도는 우리에 대한 인생의 태도를 결정합니다. 이는 지극히 자연스러운 원인과 결과입니다. 당신이 하는 모든 말과 행동은 그에 상응하는 결과를 만들어냅니다. 당신이 삶의 기적을 경험하면서 기뻐하고 환호한다면 다른 사람들도 당신에게 좋은 기분을 되돌려줄 것입니다. 그러면 당신은 함께하면 기분 좋은 사람이 됩니다.

인생에 대한 책임은 우리 자신에게 있습니다. 우리는 하루도 빠짐없이 매일 원인을 만들며 살아가고 있습니다. 환경은 우리가 만드는 원인에 상응하는 결과만을 가져다줄 수 있습니다. 삶의 질은 자신이 만든다고 말하는 이유도 이 때문입니다. 내놓은 대로 돌려받는 것이지요.

과거에 당신의 태도가 어땠는지 평가하는 방법이 있습니다. 사람들이 당신을 볼 때 미소와 긍정적인 모습으로 반응하고 친절하게 인사를 건넸나요? 이 질문에 대한 답으로 당신의 태도를 알아낼 수 있습니다.

제가 살던 플로리다 집 건너편에 집을 샀던 부부가 생각납니다. 그 부부는 미네소타에서 플로리다로 이사 왔는데, 북쪽의 혹독한 겨울에 신물이 났고 남편이 낚시를 매우 좋아해서 오래전부터 계획한 일이라고 했습니다.

몇 달 후 그 부부가 이삿짐 싸는 모습을 보고 깜짝 놀랐습니다. 남편에게 이사 온 지 얼마 되지도 않았는데 벌써 떠나느냐고 물었습니다. 그는 고개를 끄덕이더군요. "아내가 여기를 싫어해서요. 미네소타로 돌아갑니다." 도대체 어떻게 플로리다를 싫어할 수 있는지, 그의 아내가 이곳의 어떤 점을 마음에 들어 하지 않는지 물어보았습니다. 몇 번의 질문으로 금세 진실이 드러났습니다.

"동네 사람들이 아내를 받아주지 않았어요." 그가 말했습니다. "이곳 여자들이 아내를 철저히 고립시켰어요. 아내는 친구를 단 한 명도 사귀지 못했죠. 뭔가를 같이 하자는 제안도 전혀 받지 못했습니다."

"아내분이 같이 어울리고 싶다는 뜻을 다른 여성들에게 표현했나요?" 제가 물었습니다.

그는 하던 일을 멈추고 저를 쳐다보았습니다. "아니요. 그런 적 없는 것 같군요. 당연히 동네 여자들이 먼저 물어봐주기를 내내 기다렸습니다."

"아내분이 사람들이 먼저 다가오기를 기다리며 집 안에만 있었으니 다들 조용하게 은둔하면서 사는 줄 알았겠지요. 친구를 사귀는 데 관심이 없다고 말입니다. 그러니 아무도 다가오지 않은 겁니다."

CHAPTER 1 : 마법의 단어

긴 침묵이 이어진 후 그가 고개를 끄덕였습니다. "네, 맞습니다. 정확히 그렇게 된 일입니다."

물론 동네 여자들이 그의 아내를 먼저 찾아가거나 함께 차를 마시고 점심을 먹자며 초대했다면 얼마나 좋았을까요? 하지만 그들은 그녀의 행동에 반응한 것뿐입니다. 그녀는 동네 사람들이 자신의 태도를 거울처럼 그대로 따라 할 수밖에 없다는 사실을 알지 못했던 것입니다. 그의 아내는 성공적인 삶을 위한 첫 번째 중요한 법칙을 배우지 못했습니다. 주변 환경은 언제나 자신을 비춘다는 사실 말입니다. 환경은 우리 자신을 있는 그대로, 때로는 무자비하게 비추는 거울입니다.

사람이 변화하기 시작하면 그 사람의 환경도 변화합니다. 그 원리는 간단합니다. 위대한 태도는 위대한 결과를 가져오고, 좋은 태도는 좋은 결과를 가져옵니다. 반면 그럭저럭 괜찮은 태도는 그럭저럭 괜찮은 결과를 가져오고, 나쁜 태도는 나쁜 결과를 가져옵니다. 다시 정리하면 인생은 자신이 만드는 것입니다. 삶의 형태와 질적인 수준 모두 우리가 전혀 예상하지 못한 정도까지 개인의 습관적인 태도에 의해 결정됩니다.

 간단해 보이지 않나요? 하지만 결코 간단하지만은 않습니다. 새로운 습관을 익히려면 시간이 오래 걸리기 때문이지요. 하지만 좋은 태도가 삶의 일부로 자리 잡으면 우리의 삶은 캄캄한 동굴에서 밝은 햇살을 맞이하러 나가는 것처럼 극적으로 달라질 것입니다.

 대부분의 사람들은 태도에 대해 깊이 생각하지 않습니다. 대다수는 좋지도 나쁘지도 않은 중립적인 태도로 하루를 시작합니다. 하루 동안 다가오는 자극에 그때그때 반응할 뿐입니다. 긍정적인 자극이면 긍정적인 태도로 반응하고, 부정적인 자극이면 부정적인 태도로 반응합니다. 마치 카멜레온처럼 마주하는 사건에 따라 태도를 바꿔 반응하면서 살아갑니다. 바로 이런 사람들이 우리의 환경을 구성합니다. 따라서 자신의 태도를 스스로 통제하고, 좋은 태도인지 확인하는 것이 매우 중요합니다.

 예를 들면 학습에 대한 태도가 좋지 않은 사람은 많

이 배우지 못할 것입니다. 당신도 자신의 삶에서 이러한 예를 떠올릴 수 있을 것입니다. 할 수 없다는 태도를 가진 사람은 보통은 해내지 못합니다. 실패의 태도는 시작도 하기 전에 실패할 운명을 확정 짓는 것입니다.

미국 심리학의 아버지이자 하버드대 교수인 윌리엄 제임스William James는 이렇게 말했습니다. "인간은 마음의 태도를 바꿈으로써 자신의 삶을 바꿀 수 있다."

지난 몇 년간 개인적으로 매우 효과적이었던 태도에 관해 설명할 때 반드시 말하는 두 가지 중요한 단어가 있습니다. 바로 '감사gratitude'와 '기대expectant'입니다. 첫째, 나는 이 아름답고 놀라운 지구별에서 살아볼 기회가 주어진 것에 감사합니다. 매일 아침 감사하는 마음으로 눈을 뜹니다. 둘째, 나는 최고를 기대합니다. 내가 스스로 세운 목표에 도달하기를 기대합니다(이 개념에 대해서는 나중에 자세히 이야기하겠습니다). 목표가 이루어지는 생각을 하면 기분이 좋아집니다. 기대의 태도를 갖게 되는 것이지요. 내가 세상에 어떤 태도를 보이느냐에 따라 세상도 나에게 그대로 돌려줍니다. 그러니 목표의 달성은 나에게 달려 있습니다. 온전히 나의 책임입니다.

수많은 이들이 편협하고 어둠과 좌절로 가득한 삶을 살아갑니다. 그들이 그렇게 방어적인 태도로 살아가는 이유는 간단합니다. 자신에 대해 방어적이고 의심 가득한 태도를 보이기 때문에 결과적으로 삶에 대해서도 의심스러운 태도를 보이는 것입니다. 태도가 좋지 않은 사람은 불쾌한 경험만 자석처럼 끌어당깁니다. 그런 태도로 살아가는 이상 그는 부정적인 경험만 하게 되고, 잘못된 태도는 더욱더 굳건해져서 더 많은 문제가 발생하는 악순환이 반복됩니다. 이런 사람들은 파멸로 이어지는 부정적인 예언을 자초하는 것입니다.

모든 것이 '태도'의 문제입니다. 사람은 자신이 기대하는 대로 얻게 됩니다. 삶을 바라보는 관점은 붓과 같아서 우리는 그 붓으로 자신의 세상을 그립니다. 붓에 따라 희망과 만족으로 가득한 밝은 그림이 될 수도 있고, 어둡고 부정적이고 침울한 그림이 될 수도 있습니다.

어떤 사람들은 개인이 경험하는 세계가 자신의 태도를 거울처럼 비춘다는 사실을 선뜻 받아들이지 않습니다. 그들은 상대가 자신에게 친절해야만 그 대가로 친절을 베푼다는 태도를 취합니다. 마치 차가운 난로 앞에 앉아 아무것도 하지 않으면서 온기를 기다리는 것과 같습니다. 장작을 넣기 전까지 온기는 절대 퍼지지 않습니다. 내가 먼저 행동해야 합니다. 어딘가에서 시작이 있어야 하고, 그 시작은 나 자신에게서 나와야 합니다.

태도는 그 사람의 내면을 반영합니다. 인생이라는 바다를 항해하면서 계속 성공만 거두며 나아가는 사람과 가끔 실패하지만 떨쳐버리고 다시 앞으로 나아가는 사람을 떠올려보십시오.

어느 분야에서든 탁월한 능력과 성과를 보이는 사람들은 좋은 태도를 가지고 있습니다. 그들은 자신이 이루고자 하는 것을 이룰 수 있다는 태도를 보입니다. '성취는 자연의 섭리achievement is the natural order of things'라는 태도를 가지고 있습니다. (실제로 그렇습니다.) 자신이 남들처럼 유능하고 성공하지 못할 이유가 없다는 태도를 보입니다. 그들은 삶이나 성취하고자 하는 것들에 대해 건강한 태도를 가지고 있습니다. 그래서 그들은 실제로 놀라운 일들을 해낼 수 있습니다.

크게 성공한 그들은 남들보다 뛰어나고 탁월하고 운이 좋은 것처럼 보일지도 모릅니다. 하지만 그들은 대다수보다 똑똑하지 않고 특별히 뛰어난 재능을 갖춘 것도 아닙니다. 그저 '올바른 태도'가 있을 뿐입니다. 정작 그들은 성공이 그리 어렵지 않다고 생각합니다. 올바른 태도로 자신을 믿고 나아간다면 가능한데 그런 사람들이 많지 않기 때문입니다. 그러니 운이 좋아서 성공했다는 말은 잊어버리세요. 운은 준비된 자가 기회를 만났을 때 얻을 수 있고, 기회는 어디에나 항상 존재합니다.

아무리 일 처리 능력이 뛰어나도 훌륭한 태도가 없으면 그 사람은 실패할 수밖에 없습니다. 일은 로봇도 충분히 잘할 수 있습니다. 하지만 인간만이 훌륭한 태도로 일의 품격을 높일 수 있습니다. 인간성이라는 마법으로 생명력이 불어넣어지면 일이 깨어나서 노래하고 진정한 가치를 갖게 됩니다. 여기에서 큰 차이가 생깁니다.

성공한 사람들은 나이도, 성격도, 지성도, 교육 수준도 천차만별입니다. 하지만 한 가지 공통점이 있습니다. 그들은 나쁜 것이 아니라 좋은 것을 기대합니다. 그들은 실패보다 성공을 기대합니다. 그리고 정말로 성공합니다.

당신이 원하는 가치 있는 것들이 있을 것입니다. 실패보다 성공할 이유가 훨씬 더 많다는 태도를 가지세요. 목표를 이루기 위해 노력하면서 밝고 기대로 가득한 긍정적인 태도를 가진다면 분명 이룰 수 있습니다. 일정 수준의 목표에 이른 후에는 더 큰 것을 이룰 수도 있습니다.

기억하세요. 우리가 일하고 살아가는 환경은 우리의 태도와 기대를 비추는 거울입니다. 환경을 개선할 필요를 느낀다면 태도를 개선함으로써 환경을 좋은 쪽으로 바꿀 수 있습니다. 세상은 절대 편애하지 않습니다. 개인적인 감정을 개입시키지 않습니다. 누가 성공하고 누가 실패하는지 세상은 신경 쓰지 않습니다. 세상은 당신에게 관심이 없습니다. 당신의 태도가 세상과 사람들에게 미치는 영향은 중요하지 않습니다. 태도가 당신에게 미치는 영향이 당신에겐 무엇보다 중요합니다.

좋지 않은 태도 때문에 일자리를 잃거나 승진 기회나 좋은 점수, 계약 건수가 날아가거나 결혼생활이 파국에 이르는 경우는 숫자를 헤아리는 것조차 불가능할 정도로 많습니다. 하지만 온 마음을 다해 거부해도 어쩔 수 없이 지금의 직장에 다니는 사람들, 불행하지만 어쩔 수 없이 결혼생활을 유지하는 사람들, 서로를 이해하지도 사랑하지도 않는 부모와 자녀가 얼마나 많은지는 짐작할 수 있습니다. 대부분의 사람들은 세상이나 다른 누군가가 상황을 바꿔주기만을 기다립니다. 자신이 놓인 상황이 자신의 태도를 그대로 반영한 결과임을 깨닫지 못하는 것이지요. 당신이 행동하지 않으면 아무것도 바뀌지 않습니다. 당신이 바뀌면 당신의 세상이 바뀝니다. 답은 태도입니다.

좋은 태도를 가지려면 어떻게 해야 할까요? 일반적으로 어떤 능력을 키울 때와 똑같이 하면 됩니다. 연습을 통해 가능합니다. 화장실 거울에 '태도Attitude'라고 써서 붙여놓는 것도 좋은 생각입니다. 그러면 매일 아침 가장 먼저 볼 수 있으니까요. 자동차나 회사 책상에는 다른 메모를 붙여놓아도 됩니다. 미소 지으며 사람들에게 말을 걸고 먼저 다가가자고 말입니다.

당신이 하고 싶거나 이루고 싶은 일은 다른 사람들과 함께 또는 다른 사람들을 통해야 합니다. 당신이 앞으로 벌 돈은 전부 그들에게서 나옵니다. 당신이 사랑하고 평생을 함께하고 싶은 이들도 그들이고, 당신은 그들과 상호작용을 해야만 합니다.

우리 아이들은 지금까지 지구에 살았던 그 어떤 사람과도 다른 고유한 존재입니다. 그 아이들에게 가장 큰 영향을 미치는 것은 부모의 태도입니다. 부모와 함께 있을 때 보고 느끼는 애정 가득한 친절의 태도가 전부입니다. 삶과 세상을 기꺼이 받아들이는 긍정적인 태도, 그것만으로도 당신은 놀라운 변화를 경험하게 될 것입니다.

"인생은 지루한 사람에게만 지루하다."라는 말이 있습니다. 이 말은 사실입니다. 인생은 흥미로운 사람에게만 흥미롭고, 성공하는 사람에게만 성공적이라는 말도 사실입니다. 우리는 성공의 전형, 즉 성공의 화신이 되어야 합니다. 성공이 오기 전부터 우리는 성공을 발산해야 합니다. 우리가 되고 싶은 사람의 태도를 가져야 합니다.

수년 전 한 신문 기자가 로스앤젤레스의 유명 레스토랑 경영자에게 물었습니다. "당신은 언제 성공했습니까?" 그는 이렇게 대답했습니다. "저는 완전히 빈털터리였을 때도 성공한 사람이었습니다. 제가 무엇을 하고 싶은지 알았고, 해내리라는 것도 알고 있었습니다. 시간의 문제일 뿐이었죠." 그는 자신이 원하는 성공이 현실로 이루어지기 훨씬 전부터 이미 성공의 태도를 품고 있었습니다.

독일의 위대한 철학자이자 작가인 괴테는 이렇게 표현했습니다. "무언가를 할 수 있으려면 먼저 무언가를 해야만 한다."

이번 장의 핵심을 확인하는 연습 과제를 제시하겠습니다. 지금부터 설명하는 과제를 매일 성실하게 집중해서 실행한다면 당신은 '운이 좋아서 성공한' 사람이 될 수도 있습니다. 온갖 좋은 일들이 일어나기 시작하면서 훌륭한 태도의 힘을 확인할 수 있을 것입니다.

과제는 이러합니다. 만나는 모든 사람을 세상에서 가장 중요한 사람인 것처럼 대하십시오. 그 이유는 세 가지입니다. 첫째, 모든 사람은 저마다 세상에서 가장 중요한 사람이기 때문입니다. 둘째, 그것이 인간이 서로를 대해야 하는 방법이기 때문입니다. 셋째, 모든 사람을 이러한 태도로 대하기 시작하면 중요한 습관을 만들 수 있기 때문입니다.

사람에게 자존감만큼 간절히 원하고 필요로 하는 것은 없습니다. 자존감은 자신이 중요하고 꼭 필요한 존재임을 인정받고 존중받는다는 느낌입니다. 자존감이라는 중요한 욕구를 충족해주는 사람에게 우리는 사랑과 존중심을 보이고 기꺼이 지갑을 열게 됩니다.

훌륭한 조직에서 높은 위치에 있는 사람일수록 더 친절하다는 사실을 알아차린 적 있습니까? 그 원리는 단순합니다. 마음이 넓은 사람일수록 같이 대화하고, 어울리고, 일하기가 편합니다. 그런 사람들은 당연한 듯 자연스럽게 승진합니다. 핵심은 그들의 태도에 있습니다. 태도가 훌륭한 사람들은 자신이 속한 사업이나 부서의 가장 높은 자리로 자연스럽게 끌려 올라갑니다. 위치 때문에 태도가 좋은 것이 아니라 좋은 태도 덕분에 그 위치로 올라간 것입니다.

이 연습 과제를 충실히 실행하려면 대접받고자 하는 대로 남을 대접하면 됩니다. 세상에서 최고로 중요한 사람인 것처럼 가족 구성원을 대하십시오. 세상에서 가장 성공한 사람이 가질 법한 태도로 매일 아침 세상으로 나아가십시오. 이런 태도가 얼마나 빨리 습관으로 자리 잡는지 지켜보십시오. 짜증과 좌절감이 사라지기 시작할 것입니다. 태도의 중요성을 모르는 무지한 자가 아무리 막무가내로 굴어도 전염성 강한 나쁜 태도에 무너지지 마십시오. 좋은 태도를 절대 잃지 마십시오. 침착하십시오. 무엇보다 미소를 잃지 않아야 합니다. 도로에서 다른 차가 끼어들거나 남들이 어떤 방식으로 무례하게 굴어도 똑같이 행동하지 마십시오. 웃어넘기세요.

분노, 증오, 질투 같은 파괴적인 감정은 타인이 아니라 우리 자신을 다치게 합니다. 그런 감정은 삶을 비참하게 만들 수 있습니다. 실제로 병을 일으키기도 합니다. 상처를 준 사람들을 용서하십시오. 진정으로 그들을 용서하고 자신도 용서하십시오. 모두 지난 일입니다. 떨쳐버리지 못하고 계속 곱씹고 파헤쳐봤자 자신만 아플 뿐입니다. 용서하고 잊어버리세요. 기억에서 떨쳐버려야 합니다. 그 모든 것을 초월하세요.

훌륭한 태도를 기르기 위해 연습하다 보면 인생의 목표로 향하는 길에 이미 들어섰다는 것을 깨닫게 될 것입니다. 당신은 잘 가고 있습니다. 과거에 얼마나 잘

했는지는 전혀 중요하지 않습니다. 당신은 새로운 삶의 편안함과 안락함에 만족하게 될 것입니다.

타인의 부정적인 태도는 감기만큼 전염성이 강합니다. 나쁜 태도는 걸리면 아프고 성가신 전염병입니다. 전염병에 걸린 환자를 치료하는 의사처럼 반드시 자신의 건강을 지켜야 합니다. 그런 것에 낭비할 시간이 없습니다. 인생은 짧습니다. 진부하지만 이 말은 진리입니다. 소중한 시간을 다른 사람의 태도를 모방하는 데 쓰기에는(특히 좋은 태도가 아니라면) 인생이 너무 짧습니다.

훌륭한 태도는 당신의 세상을 환히 비춰주는 그 이상의 것을 돌려줍니다. 마법처럼 예전에는 절대 찾을 수 없었던 수많은 기회와 이어줍니다. 그것이 다른 사람들의 눈에는 단순히 운이 좋은 것처럼 보일 수 있습니다. 갑자기 '행운아'가 되기 시작했으니까요. 하지만 사실은 훌륭한 태도 덕분에 자연스럽게 세상과 이어진 것입니다. 더 많은 일을 더 짧은 시간에 할 수 있고, 온갖 우연한 기회를 마주하게 됩니다.

CHAPTER 1 : 마법의 단어

좋은 태도를 기르기 시작하는 순간, 당신은 세상에서 가장 성공한 상위 5%에 들어간 자신을 발견하게 될 것입니다. 당신은 자신이 원하는 목표를 추구하는 길에 들어서게 될 것입니다. 땅이 마련되었으니 씨앗만 뿌리면 됩니다.

반드시 기억해야 할 것들을 요약하자면 다음과 같습니다.

첫째, 어려운 일을 시작할 때 성공을 좌우하는 것은 '태도'입니다.

둘째, 타인에 대한 태도는 그들이 당신을 대하는 태도를 결정합니다. 모든 인간은 상호 의존적인 존재입니다. 성공은 타인과 얼마나 관계를 잘 맺느냐에 달려 있습니다.

셋째, 원하는 삶이 있다면 이미 이룬 것처럼 생각하고, 말하고, 행동해야 합니다. 하루 종일 가능한 한 자주, 당신이 원하는 삶을 머릿속에 이미지로 그려야 합니다.

넷째, 성공한 사람일수록 좋은 태도를 가지고 있습니다. 성공해서 훌륭한 태도를 갖게 된 것이 아니라 훌륭한 태도가 성공을 이끈 것입니다.

다섯째, 인간이 가장 원하는 것은 인정과 자존감입니다. 자신이 중요하고 필요한 존재임을 깨닫고, 인정받고 있음을 느끼는 것이 가장 중요합니다. 우리가 사랑하는 사람들, 일상에서 만나는 모든 사람들이 다 같은 마음입니다.

제시한 중요한 원칙들을 우리 삶에서 습관으로 만들기 위해 다음과 같이 몇 가지 제안을 합니다.

마음은 한 번에 한 가지 생각만 담을 수 있습니다. 부정적인 생각을 덜어내고 건설적이고 긍정적인 생각만 담으세요. 주위 사람들과 나의 생각에서 좋은 점을 찾으려고 노력하십시오. 당신의 삶에 가치 있는 새로운 생각에 항상 깨어 있어야 합니다.

문제를 해결해줄 수 없는 사람들에게 당신의 문제에

관해 이야기하면서 시간을 낭비하지 마십시오. 의사가 아닌 사람에게 건강 이상에 대한 답을 구하려는 것도 마찬가지입니다. 그것은 당신에게 아무런 도움이 되지 않습니다. 다른 사람에게도 전혀 도움이 안 됩니다.

행복한 태도와 자신감 넘치는 모습으로 자신이 어디로 가고 있는지 알고 있는 사람의 태도를 발산하십시오. 좋은 일이 일어나기 시작할 것입니다.

마지막으로 만나는 모든 사람을 세상에서 가장 중요한 사람처럼 대하십시오. 이 습관을 시작하고 지속하다 보면 평생 그렇게 할 수 있고, 그러면 그 습관이 당신에게 혜택을 선사할 것입니다.

감사합니다.

CHAPTER 2

다이아몬드의 땅

Acres of Diamonds

1843년 수백만 사람들의 삶에 엄청난 영향을 미칠 한 남자가 태어났습니다. 그의 이름은 러셀 허먼 콘웰 Russell Herman Conwell. 그는 변호사가 되었고, 나중에는 신문사의 편집자로 일하다가 성직자가 되었습니다. 성직자로 활동할 때 그와 수많은 이들의 삶을 바꾼 사건이 일어났습니다.

어느 날 한 무리의 젊은이가 교회로 콘웰 박사를 찾아와 대학 과정을 가르쳐줄 수 있는지 물었습니다. 그들은 대학 과정을 배우고 싶었지만 대학에 다닐 돈이 없었습니다. 그는 한번 생각해보겠다며 며칠 후에 다시 찾아오라고 말했습니다.

그들이 돌아간 후 콘웰 박사는 이런 생각이 들었습

니다. '가난하지만 교육받을 권리가 있는 젊은이들을 위한 좋은 대학은 왜 없을까?' 그 생각이 그의 머릿속을 가득 채웠습니다. 도대체 왜 그런 대학이 없는 것일까요? 100% 온전히 헌신할 만큼 가치가 있는 일이 확실한데 말입니다.

그 위대한 생각이 미국의 명문대 중 하나인 템플대학교를 설립하게 했습니다. 대학교를 설립하기 위해 콘웰 박사는 전국을 돌아다니며 6,000회가 넘는 강연을 했고 수백만 달러의 기금을 모았습니다. 모든 강연에서 그는 '다이아몬드의 땅Acres of Diamonds'에 관한 이야기를 들려주었습니다. 콘웰에게 큰 영향을 미친 그 이야기는 청중들에게도 큰 감동과 의미로 다가왔습니다. 대학을 건립할 돈이 쏟아져 들어왔습니다.

다이아몬드 광산을 발견해 엄청난 돈을 번 농부들이 있었습니다. 그들의 이야기를 들은 한 아프리카 농부는 당장이라도 자신의 농장을 팔아치우고 다이아몬드를 찾아 나서고 싶다는 생각에 휩싸였지요. 그러다가 결국에는 농장을 팔고 남은 생애 동안 다이아몬드를 찾아 아프리카 대륙을 떠돌아다녔습니다. 하지만 높은 가격에 거래되는 반짝이는 보석을 찾는 데 실패한 그는 절망감에 강으로 몸을 던지고 말았습니다.

한편 그가 팔아버린 농장을 산 농부가 있었습니다. 그는 농장의 작은 개울을 건너다가 개울 바닥에서 반짝이는 무언가를 발견했습니다. 허리를 굽혀 제법 큼지막한 돌을 들어보았는데 꽤 멋있어 보였습니다. 농부는 호기심에 빛나는 돌을 집으로 가져가서 벽난로 선반 위에 올려두었습니다.

몇 주 뒤 그의 집을 방문한 사람이 그 돌을 보고는 깜짝 놀랐습니다. 그는 농부에게 그 돌이 무엇인지 알고 있느냐고 물었습니다. 농부는 잘 모르겠다고 답했지만 수정 조각일 거라고 생각했습니다. 그러자 방문객은 지금까지 발견된 가장 큰 다이아몬드라고 말했습니다. 농부는 믿을 수 없었습니다. 집 근처에는 그런 돌이 넘쳐났기 때문입니다. 벽난로 선반에 올려둔 것보다 크기는 작지만 개울 바닥에는 그런 돌이 가득했습니다.

더 놀라운 것은 이 이야기가 실화라는 점입니다. 첫 번째 농부가 다이아몬드 광산을 찾으러 가기 위해 팔아버린 농장은 아프리카 대륙에서 가장 많은 다이아몬드가 생산되는 광산으로 판명되었습니다. 첫 번째 농부는 다이아몬드의 땅을 가지고 있었지만, 헐값에 팔아넘기고 다른 곳으로 다이아몬드를 찾으러 떠났던 것이지요. 그리고 결국 다이아몬드도 못 찾고 생을 마감했습니다.

만약 첫 번째 농부가 원석 상태의 다이아몬드가 어떤 모습인지 미리 알았더라면 어땠을까요? 상상 속에서 떠올리는 반짝이는 돌이 아니라 돌덩이 같은 다이아몬드의 실체를 알았더라면, 다른 곳에서 찾기 전에 자기가 소유한 땅부터 살펴보았더라면 어땠을까요? 만약 그랬다면 그의 꿈은 현실이 되었을 것입니다.

이 이야기의 교훈은 명백합니다. 우리는 모두 지금 이 순간 다이아몬드의 땅 한가운데 서 있습니다. 만약 지혜와 인내심을 가지고 자기가 하는 일을 탐구한다면 결과는 다를 수 있습니다. 물질적인 부이든 무형의 부이든 원하는 것을 찾을 수 있을 것입니다. 그러니 더 나은 것처럼 보이는 곳으로 달려가기 전에 자기가 서 있는 땅을 더 좋은 환경으로 만들어야 합니다.

남의 초원이 더 푸르고 평온해 보인다면 그곳의 주인이 한 번이라도 더 깊은 애정과 보살핌을 주고 있을 가능성이 큽니다. 그리고 잊지 말아야 할 것. 내가 남의 초원을 탐낼 때 남들은 내 초원을 탐내고 있다는 사실입니다. 무지개 끄트머리에 있을 것이라고 믿는 황금 항아리를 찾겠다고 이곳저곳을 헤매는 사람보다 가여운 사람은 없습니다. 인내심이 부족한 사람은 끝내 아무것도 발견하지 못할 테니까요.

당신의 목표가 무엇이든 이 말은 유효합니다. 당신의 목표가 무엇이든 그 목표에 이르는 길은 지금 당신이 하는 일에서 찾을 수 있습니다. 어느 용감한 농부는 소아마비를 앓은 후 마음의 풍부한 자원을 깨달았고, 농장에서 품질 좋은 육류 제품을 생산하는 아이디어를 떠올렸습니다. 미국에서 가장 성공한 식육 가공 회사가 바로 그 아이디어에서 탄생했습니다. 뒤늦게 파헤

쳐보았을 뿐 그의 농장도 처음부터 다이아몬드의 땅이 었습니다.

마음은 우리가 가진 가장 풍부한 자원입니다. 새로운 것으로 눈을 돌리기 전에 지금 하는 일에 파묻혀 있는 가능성을 충분히 탐구해야 합니다. 당신이 그 일을 시작한 데는 분명히 그럴 만한 이유가 있었을 것입니다. 만약 그런 이유가 없었고, 지금 하는 일에 만족하지도 않는다면 더더욱 진지하게 탐구해보아야 합니다.

러셀 콘웰 박사의 삶은 먼저 자신의 초원을 철저히 탐구한 후에 변화하려는 의지가 중요하다는 것을 보여줍니다. 앞에서 말한 것처럼 콘웰 박사는 변호사로 시작해 신문 편집자가 된 후 마침내 성직자와 훌륭한 대학의 설립자라는 진정한 소명을 찾았습니다.

코네티컷주 노워크의 스튜 레너드Stew Leonard의 이야기는 지금 하는 일에 숨겨진 '다이아몬드의 땅'을 찾은 훌륭한 사례입니다. 스튜 레너드는 유제품 배달원이었습니다. 그는 배달일을 하면서 고객들에게 필요한 유제품이 무엇인지 알게 되었습니다. 유제품 회사를 인수한 그는 성실하고 근면하게 사업을 키워나가기 시작했습니다. 기존의 유제품 시설은 그대로 두되 중심부에 창문을 설치해서 고객들이 모든 생산 과정을 직접 지켜볼 수 있도록 했습니다. 새로운 제품들도 추가했지요.

현재 그의 유제품 슈퍼마켓 체인은 세계에서 가장 규모가 크고, 식품과 관련된 모든 것을 판매합니다. 그곳에서 쇼핑하기 위해 미국 전역에서 사람들이 찾아옵니다. 고객들은 스튜의 가게를 사랑하고, 스튜도 고객들을 사랑합니다. 늙거나 병약해서 혼자 찾아오기 힘든 고객들은 셔틀버스가 모셔 옵니다. 스튜 레너드는 유제품 배달에서 시작해 수백만 달러 규모의 사업을 이루어냈습니다. 다이아몬드의 땅을 발견해 최대한 활용했기 때문입니다.

어떤 일이든 그 안에 기회가 숨어 있습니다. 기회가 당신의 바로 눈앞에서 제발 관심을 가져달라고 아우성칩니다. 하지만 기회는 실제로 소리칠 수도 없고, 글씨를 써서 보여줄 수도 없습니다. 창의적이고 새로운 관점으로 지금의 일을 바라보는 것은 우리의 몫입니다.

철학자 피에르 테야르 드 샤르댕Pierre Teilhard de Chardin은 말했습니다. "우리의 능력에 한계가 없는 것처럼 계속 앞으로 나아가는 것이 우리의 의무다. 우리는 창조의 협력자다."

내가 아는 남자는 애리조나에서 작은 주유소를 운영했습니다. 사무실에 앉아 있던 그는 창문 너머로 나이 어린 아르바이트생들이 손님의 연료 탱크를 채워주는 것을 바라보고 있었습니다. 그동안 손님은 일이 끝나기를 기다리며 우두커니 서 있었습니다. 순간 그의 머릿속에 이런 생각이 스쳤습니다. '저 손님은 지금 주머니에 돈이 있으니 만약 눈앞에 필요하거나 관심 가는 물건이 편리하게 진열되어 있다면 사지 않을까?'

그래서 그는 주유소에서 낚시 도구를 팔기 시작했습니다. 그다음에는 낚시 허가증, 사냥과 캠핑 장비, 소총, 산탄총, 탄약, 사냥 허가증 같은 것들도 판매했습니다. 멋진 알루미늄 낚싯배와 트레일러도 들였습니다. 주유소 주변의 부동산을 구입해 가게를 늘렸고, 자동차 부품 판매대도 추가했습니다. 차가운 탄산음료와 사탕류는 처음부터 팔았지만, 이제는 냉장 케이스에 담긴 초콜릿까지 추가되었습니다. 얼마 지나지 않아 그는 애리조나주에서 누구보다 많은 초콜릿을 팔았습니다. 손님들이 주유 서비스가 끝나기를 기다리는 동안 살 수 있는 수많은 물건을 취급했습니다. 그러다 보니 지역의 주유 고객 대다수가 그의 주유소를 찾았고, 기름도 더 많이 판매되었습니다. 그는 금요일마다 현금을 수표로 바꾸었습니다. 그가 발견한 노다지 사업은 점점 더 규모가 커졌습니다.

이런 말도 안 되는 일은 한 남자가 주머니에 든 돈을 쓸데가 없어서 멀뚱히 서 있는 손님을 지켜본 것에서 시작되었습니다. 대부분의 사람들은 작은 주유소로 만족하겠지만 그는 거기에서 다이아몬드를 발견한 것입니다.

애리조나에 사는 내 친구와 코네티컷에 사는 스튜

레너드는 모두 고객 지향적입니다. 손님에게 서비스를 제공하십시오. 손님에게 그 누구보다 멋진 서비스를 제공하세요. 스튜 레너드의 매장에는 누구나 볼 수 있도록 회사의 신조가 걸려 있습니다. "규칙 1. 고객은 항상 옳다. 규칙 2. 고객이 틀렸다면 규칙 1을 다시 읽어보도록."

부유한 고객이 차를 몰고 들어오는 것을 보고 주유소 사장들은 저 사람을 내 고객으로 만들어야겠다고 생각할까요? 대다수는 아무런 생각이 없습니다. 어떤 일에든 기회가 숨어 있습니다. 다른 사람을 따라 하는 것을 그만두고 창의적으로 생각해보세요. 새로운 관점에서 생각하기만 한다면 장담하건대 분명히 기회는 있습니다. 다만 기회를 찾는 것은 각자가 해야 합니다.

당신이 하는 일을 제삼자의 시선으로 바라보세요. 제삼자는 이렇게 생각할지도 모릅니다. '음, 이 사람은 왜 굳이 이런 방식을 고수하는 거지? 수익을 내거나 몇 배로 올리는 방법이 있는데 알아차리지 못한 걸까?'

만약 지금 있는 그대로에 만족한다면 기존의 방식을 고수해도 됩니다. 하지만 자신에 대해 알아가고 자신의 일 안에 숨어 있는 다이아몬드를 발견하는 것은 매우 즐거운 일입니다. 지루함이나 무관심은 사라지고 틀에 박힌 느낌도 들지 않습니다. (전에 말한 적 있지만 틀에 박힌 삶은 사방이 막힌 무덤과도 같습니다.) 성공한 비즈니스는 아주 작은 지역에서, 아주 작은 아이디어로 시작해 성장한 경우가 많습니다. 한 마을에 필요하다면 전국의 모든 마을과 도시에도 필요할 것입니다.

이 질문도 해봐야 합니다. "나는 지금 하는 일을 얼마나 잘하는가?" 당신은 자신이 하는 일에 대해 알아야 할 것을 전부 알고 있나요? 스스로 그 분야의 최고 전문가라고 할 수 있습니까? 당신은 같은 분야에서 일하는 다른 사람보다 탁월한가요?

교육자이자 작가인 J.B. 매슈스J. B. Mathews는 이렇게 적었습니다. "어떤 기회를 위해 스스로 훈련하지 않는 한, 그 기회는 그를 우스꽝스럽게 만들 뿐이다. 아무리 좋은 기회라도 그 기회를 활용할 준비가 되어 있는 만큼만 그에게 가치가 있다."

안타깝게도 자신이 하는 일에 대해 자세히 모르는 사람이 너무나 많습니다. 그런 사람들은 "제 일이 아니라서요."라고 변명만 할 뿐입니다. (다른 부서에 불이 난 것을 보고도 자기 일이 아니라고 신고하지 않을 건가요?)

부동산 중개업자들은 집과 부동산을 파는 게 아닙니다. 그들은 고객들에게 집과 부동산을 '보여줄' 뿐입니다. 여섯 살짜리 어린아이도 할 수 있는 일이죠. 판매나 마케팅에 대해 알지도 못하면서 그들은 스스로를 부동산 전문가라고 부릅니다. 그들은 사실 투어 가이드입니다. 어디가 거실인지 모를 리 없는 사람들에게 "이게 거실입니다."라고 말하는 일반인일 뿐입니다.

다이아몬드를 캐내기 위해 가장 먼저 할 일은 군중에게서 벗어나는 것입니다. 사람들은 자신의 발밑에 다이아몬드가 묻혀 있다는 사실을 모른 채 모두 떼 지어 몰려다닙니다. 수백만 명이 살아가는 방식이 가장 좋은 길이라는 가정을 그만두어야 합니다. 남들이 다가는 길은 가장 좋은 길이 아닙니다. 평범한 길일 뿐입니다. 가장 좋은 길로 가는 사람들은 저 앞에 있습니다. 그들은 군중보다 훨씬 앞서가서 그들의 그림자조차 잘 보이지 않습니다. 우리가 성공한 사람들이라고 부르는 이들이지요. 나머지는 그들이 낸 길을 아무 생각 없이 따라갈 뿐입니다.

우리에게는 선택권이 있습니다. 커팅과 광택 작업을 거치기 전 원석 상태의 다이아몬드를 알아보고 강철을 만들기 전의 철광석 덩어리를 알아보는 상상력과 호기심이 필요합니다.

다이아몬드의 땅을 찾으려면 '지적 객관성intelligent objectivity'이라는 능력을 키워야 합니다. 마치 다른 행성에서 온 외계인이라도 된 것처럼 한걸음 뒤로 물러서서 자신의 일을 바라보는 것입니다. '내가 하는 일은 어떤 산업 혹은 어떤 직군에 해당하는가? 나는 해당 업계나 직업에 대해 알아야 할 것을 모두 알고 있는가? 어떻게 하면 고객에게 더 나은 경험을 선사할 수 있을까?'

매일 아침 자신에게 물어보세요. '어떻게 하면 오늘 더 많은 서비스를 제공할 수 있을까?' 당신의 주변에는 시장 가치가 높은 귀한 다이아몬드들이 묻혀 있습니다. 당신이 하는 일, 몸담은 산업이나 직종을 샅샅이 뒤지며 다이아몬드를 찾으려고 한 적 있습니까? 지금 하는 일을 더 잘하는 방법은 분명 있습니다. 세상의 모든 것은 진화하고 있으니까요. 결국 이루어질 일을 당신은 어떻게 할 수 있을까요?

매일 정해진 경로로 유제품을 배달하던 스튜 레너드, 작은 주유소를 운영했던 애리조나에 사는 내 친구, 유명한 초콜릿 칩 쿠키 '페이머스 에이머스'를 만든 월리 에이머스Wally Amos, 처음에는 비누 회사로 출발한 프록터 앤드 갬블. 이들이 기존의 일에 어떤 변화를 주었는지 생각해보십시오. 물론 변화에는 위험이 따릅니다. 하지만 위험 없이는 어떠한 성장도 없습니다. 우리는 아침에 일어나는 순간부터 위험을 감수하기 시작합니다. 위험은 우리에게 좋습니다. 그것은 우리 안에 있는 잠재력을 최대한 끌어내게 해줍니다. 눈이 반짝이고 머리 회전을 빠르게 하도록 자극합니다. 행동이 빨라지고 우리의 하루를 새롭고 빛나게 만들어줍니다.

인간은 절대로 안주하면 안 됩니다. 닭이나 소, 고양이는 괜찮지만 인간은 그렇지 않습니다. 현실에 안주하는 순간 인간은 죽어가기 시작합니다. 계속 변화의 움직임이 있어야 합니다.

《성의 The Robe》,《마음의 등불 Magnificent Obsession》을 비롯해 여러 권의 베스트셀러를 발표한 유명 소설가 로이드 더글러스 Lloyd C. Douglas는 1931년에 '탈출 Escape'이라는 제목의 잡지 기사를 썼습니다. 그 기사에서 더글러스는 이런 질문을 던집니다.

"살면서 도망치고 싶은 유혹을 한 번도 느낀 적 없는 사람이 있을까? 도망치고 싶다는 생각을 행동으로 옮겼다면 지금의 그 자리에서 살고 있는 사람은 소수에 불과할 것이다. 도망치고 싶은 충동을 직접 실행한 소수 중에서도 도망치고 싶게 만든 문제에서 완전히 벗어난 사람은 과연 몇이나 될까? 아쉽게도 그들은 낡은 가방에 그 문제도 함께 챙겨서 도망쳤을 것이다."

이 글의 요점은 문제에서 도망치지 말라는 것입니다. 도망가봤자 멀리 가지 못하니 문제가 생긴 그 자리에서 어떻게든 해결하라는 뜻입니다. 우리가 진정으로 추구해야 할 것은 당혹감과 좌절감에서 벗어나는 것이 아니라 극복하는 것입니다. 계속 머무르면서 그 여정을 계속하는 것이 가장 좋은 방법입니다.

 인생의 목표를 다시 선언하고 다시 확인하십시오. 가장 하고 싶은 일, 가장 도달하고 싶은 곳을 다시 선언하고 다시 확인하십시오. 목표는 마음속으로 선명한 이미지로 떠올릴 수 있어야 합니다. 뉴욕에서 비행기에 탈 때 로스앤젤레스 공항을 분명히 떠올릴 수 있는 것처럼 말입니다. 폭풍우를 뚫고 나아가는 커다란 배처럼 엔진을 계속 켜놓고 원하는 방향으로 나아가야 합니다. 그러면 절대로 끝날 것 같지 않은 폭풍우도 언젠가는 지나가고, 어느 눈부신 아침에 항구의 불빛을 발견하게 될 것입니다. 그때 비로소 안도의 한숨을 내쉬고 잠시 휴식을 취하면 됩니다. 하지만 어느 순간 당신은 또다시 바다로 눈을 돌리게 됩니다. 가고 싶은 또 다른 항구가 생기고, 다시 한 번 새로운 항해를 위해 출발하게 될 것입니다.

두 발 달린 우스꽝스럽게 생긴 생명체, 풍부한 호기심과 상상력으로 틈만 나면 이런저런 공상에 빠지는 꿈 많은 인간은 처음부터 그렇게 태어났습니다. 인간은 도망치는 것이 아니라 극복함으로써 문제에서 탈출합니다. 하나의 문제를 극복하자마자 주변을 둘러보며 더 어려운 문제를 찾기 시작하고, 또다시 자신을 던졌다가 빠져나오는 것이 인간이라는 존재입니다.

여행 팸플릿을 보며 현실에서 도망칠 생각을 하고 있으신가요? 그렇게 하십시오. 잠시 복잡한 머리를 비울 수 있을 것입니다. 그런 다음에는 목표에 집중하고 바쁘게 움직이세요. 한 번에 하나씩 문제를 해결하다 보면 자기도 모르는 사이에 주변이 다이아몬드로 넘쳐나고, 당신은 어느새 새롭게 개척할 또 다른 땅으로 나아갈 것입니다.

가끔 모든 것으로부터 도망치고 싶은 생각이 드는 것은 지극히 당연한 일입니다. 하지만 도망치지 않고 문제를 해결함으로써 장애물을 없애고 나아갈 수 있다면 당신은 이미 앞서가는 사람입니다. 매일 펜과 노트를 들고 당신의 일을 살피고 분석해보십시오. 거기에 기회가 있습니다. 당신이 딛고 서 있는 그곳이 다이아몬드의 땅입니다.

CHAPTER 3

가치 있는 목적지

A Worthy Destination

온갖 시련과 장애에도 불구하고 놀라운 성공을 이루어낸 사람들의 이야기는 항상 우리의 관심을 사로잡습니다. 그들의 이야기는 확실히 영감을 주기 때문입니다. 하지만 자세히 들여다보면 그 이상의 의미가 들어 있음을 알게 됩니다.

다리에 심각한 화상을 입었지만 운 좋게 다시 걸을 수 있었던 소년은 육상 챔피언이 되었습니다. 어려서 시력과 청력을 모두 잃은 여성은 20세기에 사람들에게 가장 큰 힘과 희망을 주는 위인이 되었습니다. 어린 시절의 가난에서 벗어나 자신의 꿈을 이루고 성공한 이들은 흔한 일이 되었습니다.

전례 없는 이민의 시대에 신문이나 TV에서 크게 성

공한 이민자들의 이야기를 쉽게 접할 수 있습니다. 그들은 빈털터리에 영어를 전혀 모르는 상태로 미국에 건너왔지만 놀라울 정도로 짧은 시간에 큰 성공을 거두었습니다. 실제로 지난 20년 동안 미국으로 건너온 전형적인 한국인 가정의 평균 소득은 이곳에서 태어나고 학교를 다닌 평범한 미국인 가정보다 높습니다. 어떻게 그런 일이 가능했을까요?

어느 한국인 가족이 뉴욕 맨해튼 중심가에 있는 작은 편의점을 샀습니다. 그들이 가장 먼저 한 일은 가게를 청소하는 것이었습니다. 가게는 인테리어를 새로 한 것마냥 말끔해졌습니다. 그다음 그들은 동네 사람들이 원할 것 같은 식료품으로 가게를 가득 채웠습니다. 아침 일찍 문을 열고 밤늦게까지 일했습니다. 그들은 가게를 찾는 모든 손님에게 인사를 건네고 친절을 베풀었습니다. 당연히 그들은 큰 성공을 거두었습니다.

그 가게는 하루도 쉬지 않고 일주일 내내 영업을 했습니다. 그런데 어느 날, 그 가게의 문이 닫혀 있는 것을 발견했습니다. 그날 영업을 하지 않는 이유를 설명하는 쪽지가 가게 문 앞에 붙어 있었습니다. 거기에는 이렇게 적혀 있었습니다. "아들의 예일대학교 졸업식에 갑니다."

이것은 실화입니다. 그들은 누구보다 열심히 일했습니다. 사람들에게 최고 수준의 서비스를 제공했고, 거기에서 기쁨을 찾았으며, 새로운 나라에서 새로운 기회를 잘 활용했습니다. 언어도 모르고 인맥도 없는 거대한 장애물 앞에서도 그들을 앞으로 나아가게 한 원동력은 무엇이었을까요? 다리에 화상을 입은 소년은 어떻게 육상 챔피언이 될 수 있었을까요? 어려서 시력과 청력을 잃은 헬렌 켈러는 어떻게 그 시간을 견디고 이겨낼 수 있었을까요?

이 질문에 대한 답을 알고 있다면 당신도 진정으로 원하는 것을 얻을 수 있습니다. 그런데 그 답은 믿을 수 없을 정도로 간단합니다. 너무 간단해서 믿기지 않을 수도 있습니다. (우리는 마지막 장에서 그것에 대해 다룰 것입니다.)

그들에게는 다른 사람들에게는 없는 무언가가 있습니다. 그들에게는 바로 '목표'가 있습니다. 눈앞에 장애물이 버티고 있어도 성공하고 싶다는 불타는 열망이 그들에겐 있습니다. 그들은 자신이 원하는 것을 정확하게 알고 있습니다. 하루도 빠짐없이 매일 그 목표에 대해 생각합니다. 아침에 이불 밖을 나서는 순간부터 집에 돌아올 때까지 최선을 다하는 이유이기도 합니다. 밤에 잠들기 전에 마지막으로 생각하는 것도 자신이 이루고 싶어 하는 '목표'입니다. 그들은 자신이 원하는 것을 선명한 이미지로 떠올릴 수 있으며, 금방이라도 현실이 될 것 같은 그 이미지가 모든 장애물을 극복하게 해줍니다.

자신이 원하는 이미지, 자신이 바라는 꿈, 자신이 이루고 싶은 목표, 그것은 오로지 그 자신에게만 보입니다. 인류가 이루어낸 모든 진보와 성취도 그 덕분일 것입니다. 그것은 우리가 꿈꾸는 기본적인 동기이기도 합니다. 역사적으로 인류가 성취한 가치 있는 일들은 각 개인이 이룬 꿈이자 도달한 목표였습니다.

마음이 생각하고 믿는 것은 무엇이든 실제로 이룰 수 있다는 말이 있습니다. 빈터나 흉물스러운 구조물이 있던 곳에 세워진 멋진 건물. 만에 걸쳐 있는 다리. 달 착륙. 맨해튼 중심부의 작은 편의점. 가로수 우거진 거리의 멋진 집. 졸업장을 받는 젊은이. 엄마의 품에 안긴 갓난아기. 골프의 낮은 핸디캡*. 비즈니스 분야에서 이룬 위치. 일정한 소득 수준 또는 투자 수익. 마음이 생각하고 믿는 것이라면 정말로 그 무엇이든 이루어질 수 있습니다.

사람은 생각하는 대로 됩니다. 목표를 세우고 집중하면 반드시 이루어지게 되어 있습니다. 이런 말도 있습니다. "무엇을 마음에 둘지 신중하게 선택하라. 간절하게 원하면 정말로 갖게 될 테니까." 백번 맞는 말입니다.

사람은 누구나 원하는 것은 무엇이든 가질 수 있습니다. 다만 자신이 무엇을 원하는지 모른다는 것이 문

---

* 골퍼의 평균 점수를 나타내는 점수로 낮을수록 실력자. —옮긴이

제입니다. 사람들은 대부분 작은 것을 원합니다. 새 차를 원하고 새 차를 얻습니다. 새집을 원하고 새집을 얻습니다. 시스템은 언제나 그들을 위해 움직입니다. 하지만 사람들이 알지 못하는 것이 있습니다. 새 냉장고나 새 자동차를 얻게 해주는 시스템이라면 무엇을 원하든지 얻게 해주리라는 것을 말입니다.

인생의 중요한 목표가 현실로 이루어질 수 있다는 사실을 이해하는 순간, 마치 잭 인 더 박스 jack-in-the-box* 가 열리듯 온갖 신나고 흥미진진한 일들이 일어나기 시작합니다. 태어나서 처음으로 정말 살아 있다는 느낌이 듭니다. 지금까지의 삶을 되돌아보고, 마지못해 남들과 똑같이 맞추며 걸어왔다는 사실을 깨닫게 됩니다. '사람은 전부 똑같다.'라는 진실에서 완전히 빗나간 가정을 믿으며 남들이 하는 대로 따라 하면서 살아왔습니다.

사람은 똑같지 않습니다. 능력이든 유전적인 특징이

---

* 레버를 돌려서 광대 인형이 튀어나오게 하는 상자. —옮긴이

CHAPTER 3 : 가치 있는 목적지

든 욕구든 똑같은 사람은 없습니다. 한 가족에게 만족스럽고 충만하며 완전한 성공이 다른 가족에게는 실패로 여겨질 수도 있습니다. 열망, 성공의 의미, 생활 방식, 양육, 교육 수준이 저마다 다르기 때문입니다.

우리가 어릴 때 주어진 환경은 성장 과정에서 많은 영향을 미치고, 나중에 삶의 방향까지도 결정할 수 있습니다. 어린 시절 가난했던 사람은 큰 부자가 되기를 열망하고, 결핍을 느낀 부분에서 과도한 보상을 원할 수 있습니다. 반면 어린 시절 부족함과 결핍 없이 자란 사람은 성인이 되어도 그 삶에 만족할지 모릅니다. 무언가를 가진 사람은 갖지 못한 사람보다 그 중요성을 느끼지 못합니다.

자유가 없었던 사람들에게 자유는 더없이 소중합니다. 하지만 대부분의 사람들은 자유를 당연하게 여기고 따로 생각조차 하지 않습니다. 인간에게 가장 중요한 것이 무엇인지 사람들에게 묻는다면 '자유'라고 답하는 사람은 거의 없을 것입니다. 삶의 목표를 정하는 것이 '자유'라고 답할 사람이 과연 몇 명이나 되겠습니까. 하지만 아치볼드 매클리시Archibald MacLeish가 연극 〈자유의 비밀The Secret of Freedom〉에서 말했듯이 "행복의 비결은 자유이고 자유의 비결은 용기입니다."

목표라는 주제와 목표 설정의 중요성을 이해하기 위해서는 그것이 모든 성공에서 가장 기본이 되는 것임을 알아야 합니다. 사실 목표 자체가 성공을 정의합니다. 제가 발견한 성공의 가장 훌륭한 정의는 이것입니다. "성공은 가치 있는 목표를 점진적으로 실현하는 것." 때에 따라서는 "가치 있는 이상을 추구하는 것"이 될 수도 있습니다.

성공은 가치 있는 목표를 점진적으로 실현하는 것입니다. 목표를 이루기 위해 끊임없이 나아가려고 애쓰는 사람은 누구나 성공합니다. 성공은 목표의 달성이 아니라(비록 세상은 그렇게 생각하지만) 목표를 향한 여정 속에 있습니다. 삶에서 자신이 원하는 일을 이루고자 노력하는 한 그는 성공한 것입니다. 인간은 그때 최상의 상태입니다. "여정은 여인숙보다 낫다."라는 세르반테스Cervantes의 말도 그런 의미입니다.

사랑에 관한 이야기를 해보겠습니다. 사랑 이야기는 연인의 결혼으로 끝나지만 사실 결혼은 시작일 뿐입니다. 학교를 졸업하는 졸업식도 끝이 아니라 시작을 의미합니다. 물론 졸업은 축하받을 일이고, 그 과정을 충실히 해왔다는 증거이자 다음 단계로 나아가는 하나의 이정표입니다. 하지만 그다음에는 어디로 가야 할까요?

목표를 세우고 그것을 이룬다는 것은 멋진 일입니다. 이제 휴식을 취하고 자축하면서 성과를 음미할 시간입니다. 하지만 얼마 지나지 않아 금방 지루해집니다. 제가 생각하기에 인간은 하나의 목표를 이루고 다음 단계로 나아가기 위해 더 어렵고 새로운 목표를 세우지 않으면 삶에 대한 의욕이 떨어집니다. 산을 오르기 위해 계획하고 생각하고 실행하면서 이루고자 하는 것을 향해 나아갈 때 인간은 최상의 상태라고 할 수 있습니다.

일 중독자가 되어야 한다는 뜻은 절대 아닙니다. 오히려 성공한 사람일수록 일과 삶의 균형을 잘 맞추며 살아갑니다. 그들은 충분히 휴식을 취하고 여가도 즐깁니다. 적절히 휴식을 취해야만 정신은 최상의 상태로 작동할 수 있습니다. 어떤 목표를 선택하든 정신은 우리에게 가장 유용하고 중요한 부분입니다.

운동선수가 "정신력이 90%"라고 말하는 것을 들어본 적 있나요? 반드시 90%가 아니라도 골프나 테니스에서 최고의 기량을 발휘하기 위해서는 정신력이 큰 비중을 차지합니다. '마법의 단어'에서 강조했듯이 마음의 태도가 성공과 실패를 좌우합니다.

성공을 가치 있는 목표를 점진적으로 실현시키는 과정이라고 정의한다면 누구나 성공한 인생입니다. 학교를 졸업하기 위해 부지런히 배움을 익히는 청년은 누구 못지않게 성공했다고 할 수 있습니다. 회사에서 승진하기 위해 자신의 일에 최선을 다하는 사람 역시 성공했다고 말할 수 있습니다.

당신은 이루고 싶은 가치 있는 목표가 있나요? 생각하는 것만으로 기쁨이 차오르는 목표가 있습니까? 그렇다면 장담하건대 당신은 반드시 목표에 도달할 것입니다. 하지만 그 목표가 점점 가까워지고, 머지않아 현실로 이루어지리라는 확신이 든다면 다음 목표에 대해 생각해야 합니다. 작가라면 지금 쓰고 있는 책이 끝나기 전에 다음 책의 주제나 제목을 떠올리고 메모를 해야 합니다. 반드시 이런 식이 되어야만 합니다.

제가 좋아하는 인도 콜카타 출신의 시인 라빈드라나드 타고르Rabindranath Tagore의 시에 이런 구절이 있습니다. "나는 잠들어 꿈을 꾸었다네. 삶은 즐거움인 것만 같았지. 나는 잠에서 깨어나 보았네. 삶은 의무라는 걸. 나는 일했고 이제는 알았다네. 그 의무가 즐거움이었다는 걸."

우리는 자신이 정한 목표를 이루기 위한 여정에서 좋아하는 일에 완전히 몰입할 때 최고의 능력을 발휘할 수 있습니다. 그리고 그 순간 가장 큰 행복을 느낍니다. 목표가 있으면 쉬는 시간도 의미가 있고 잠자는 시간도 편안해집니다. 그만큼 목표는 삶의 다른 모든 것을 훌륭하고 가치 있게 만들어줍니다.

사람들은 '성공'을 '돈'과 동일시하는 경향이 있습니다. 물론 돈은 목표를 추구하다 보면 자연스럽게 따라오는 부산물이고, 지금 얼마나 잘하고 있는지를 말해주기도 합니다. 하지만 항상 그런 것은 아닙니다. 성공은 개인에게 가치 있는 무엇이든 될 수 있습니다. 성공을 가치 있는 이상을 추구하는 것이라고 정의할 수 있다고 한 이유도 이 때문입니다. 예를 들어 교사의 성공에 대해 생각해보십시오. 학생들은 저마다 다른 존재이고 배움의 속도도 천차만별입니다. 교사가 이를 이해한다면 천편일률적인 수업 방식이 아니라 다양한 학생들의 흥미를 끌기 위해 자신이 가르치는 과목에 대해 더 깊이 파고들 것입니다. 어떻게 하면 자신의 수업을 잘 전달할 수 있을지 수업의 기술에 대해 더 고민할 것입니다. 이런 교사라면 누구보다 성공했다고 말할 수 있습니다.

　우리는 다른 사람들에게 서비스를 제공함으로써 기쁨과 만족감을 느낍니다. 그래서 사람들에게 서비스를 제공하는 것을 목표로 하는 사람들에게는 큰 보상이 따를 가능성이 큽니다. 실제로 대다수 사람들의 목표는 일정 수준의 소득 또는 투자 수익입니다.

개개인이 다른 만큼 목표도 모두 다릅니다. 세상에 같은 사람은 단 한 명도 존재하지 않습니다. 그러니 완전히 똑같은 목표 또한 존재하지 않습니다.

그러나 목표는 그것을 떠올릴 때 긍정적인 감정이 떠올라야 합니다. 반드시 현실로 이루고 싶은 것이어야만 한다는 뜻입니다. 강렬한 감정을 일으키는 목표일수록 우리를 목적지까지 확실하게 이끌어줄 것입니다. 계속 그 목표를 생각하다 보면 잠재의식 깊이 묻혀 있던 어떤 생각이 목적지로 가는 길을 안내할 것입니다.

예전에 "남을 풍요롭게 해주지 않고 부자가 되는 사람은 없다."라는 인용문을 말한 적 있습니다. 유타주에 사는 남성으로부터 이런 내용의 편지를 받았습니다. "마약 거래로 부자가 되는 사람이나 포르노를 만들어 팔아서 부자가 되는 사람들은 뭐죠? 그런 사람들이 과연 남을 풍요롭게 해준다고 할 수 있습니까?"

요즘 시대에 특히 좋은 질문이었습니다. 저는 성공의 정의는 '가치 있는' 목표를 점진적으로 실현해 나가는 것이라고 답장을 보냈습니다. 마약과 포르노 업계에 종사하는 사람들은 절대로 성공의 자격 요건을 갖출 수 없습니다. 그들이 하는 일은 비생산적이고 파괴적이니까요. 마약의 경우 수많은 이들을 노예로 만들고 죽음으로 몰아넣기까지 합니다.

저는 이런 말도 했습니다. 인간에게 꼭 필요한 것은 몇 가지 안 되지만, 물질적으로 풍요로운 요즘 같은 시대에 인간이 원하는 것은 사실상 끝이 없습니다. 우리는 무엇이 되었든 타인의 욕구를 충족시켜주기 위한 서비스를 제공하지만 그것이 항상 그들이나 우리 자신에게 이로운 것은 아닙니다. 마약과 포르노를 다루는 사람은 그것을 서비스 제공이라고 여기겠지만, 저는 그들을 성공했다고 말하지 않을 것입니다. 심지어 체포되어 감옥에 간다면 아무리 큰 자산을 모았다고 해도 아무런 쓸모가 없게 됩니다.

저는 그 인용문을 사용하는 것을 그만두지 않았습니

다. 남을 풍요롭게 하지 않고 부자가 되는 것은 가능할 수도 있지만, 대다수가 가고자 하는 길은 아닙니다. 결코 자랑스럽게 말할 수 있는 일도 아닙니다. 긍정적이고 훌륭하며 생산적인 방법으로 제공하는 서비스도 많은데 굳이 그런 길을 갈 필요가 있을까요?

단언하건대 어떤 목표든 실현하기 위해 계속 나아간다면 반드시 그 끝 지점에 도달할 것입니다. 그것이 세상의 이치입니다.

엄청난 수준의 성공을 거두는 사람은 전체 인구의 5%에 불과합니다. 그리고 일부는 평범한 수준에서 만족하며 지냅니다. 나머지 대다수의 사람들은 스스로 삶을 이끄는 것이 아니라 세상에 휩쓸리듯 살아갑니다. 그저 막연하게 더 좋은 날이 오기를 바라면서 말이지요.

저는 영국의 역사학자 토머스 칼라일Thomas Carlyle처럼 사람을 배에 비유하는 것을 좋아합니다. 사람들의 95%는 방향타가 없는 배와 같습니다. 바람의 방향과

조수가 바뀔 때마다 속수무책으로 이리저리 표류합니다. 그들은 막연히 언젠가 풍요롭고 북적거리는 항구에 도착하리라는 헛된 희망을 품고 있습니다. 하지만 항구 입구는 좁고, 수천 킬로미터에 달하는 험난한 해안을 지나야 합니다. 아무런 방향타도 없는 그들이 항구로 흘러 들어갈 가능성은 지극히 낮습니다.

 복권은 사람들에게 누구나 부자가 될 수 있다고 말합니다. 라스베이거스와 애틀랜틱 시티의 슬롯머신도 마찬가지입니다. 사람들은 누구나 행운을 바라지만 실제 확률이 얼마나 낮은지 모르는 것 같습니다. 물론 가끔 당첨자가 나오기도 하지만 여전히 확률은 매우 낮습니다.

 시간을 들여 자기통제력을 기른 후 자기 삶의 운전대를 직접 잡는 사람들, 도전적인 목표를 세우고 그 목표에 이르기 위해 헌신하는 사람들은 삶의 광활한 바다 멀리까지 곧장 나아가고 기어이 항구에 도착합니다. 그리고 다음 항해에서는 새로운 항구에 도착합니다. 다른 사람들이 평생 이루는 것보다 더 많은 것을 단 몇 년 안에 해냅니다.

 항구에 정박해 있는 배의 선장에게 다음 기항지를 물으면 짤막하게 대답할 것입니다. 선장은 알고 있습니다. 항해를 하는 동안 항구를 보지 못하는 시간은 99%에 달합니다. 하지만 배가 가고자 하는 그곳에 항구는 존재하고, 전혀 예측하지 못한 크나큰 재앙이 닥치지 않는 한 반드시 도착하리라는 것을요. 그가 해야 할 일은 매일 계속해서 나아가는 것입니다.

 만약 누군가가 당신에게 다음 행선지, 그러니까 현재 시점에서 목표를 물어본다면 답할 수 있습니까? 마음속에 명확하고 단순한 목표가 있나요? 종이에 적어본 적은 있나요? 목표를 쓰는 것은 매우 효과적입니다. 목표를 쓰는 것은 그것을 다시 확인하고 견고하게 마음속에 되새겨주는 역할을 합니다. 목표를 의미하는 이미지를 집 안 곳곳에 붙여놓는 것도 좋은 방법입니다. 성공한 사람들 중에는 목표를 적어서 지갑이나 가방에 넣고 다니는 이들이 꽤 많습니다.

왜 일하나요? 그러면 대다수는 일반적이고 모호하게 대답합니다. 건강이나 행복을 위해, 돈을 많이 벌기 위해서라고 할지도 모릅니다. 그래서는 안 됩니다. 건강은 보편적인 목표입니다. 건강은 누구나 원하고 유지하기 위해 최선을 다합니다. 그리고 행복은 그 자체로 목표가 아니라 무언가의 부산물입니다. 돈은 어떤가요? '돈을 많이 벌고 싶다.'라는 말은 너무 모호합니다. 차라리 구체적인 액수를 정하는 것이 더 낫습니다. 목표는 구체적이고 명확하게 정의할수록 사실적으로 다가오고, 머지않아 이룰 가능성도 커집니다.

행복은 우리가 나아가는 방향에서 나옵니다. 선물을 열어보기 전인 크리스마스 날 아침이 그날 오후보다 더 행복합니다. 아무리 멋지고 마음에 드는 선물이라도 열어보는 순간 기대는 끝이 납니다. 그래서 크리스마스 오후가 되면 아이들은 불평과 짜증이 한층 늘어납니다.

외식하고 집으로 돌아오는 길보다 외식하러 나가는 길이 더 행복합니다. 휴가를 마치고 집으로 돌아올 때보다 휴가를 떠날 준비를 할 때가 더 행복합니다. 믿거나 말거나, 목표가 이루어졌을 때보다 목표를 향해 나아갈 때가 더 행복합니다. 목표가 이루어지자마자 새로운 목표를 세우는 것이 중요한 이유도 그 때문입니다. 이 과정을 결코 멈추어서는 안 됩니다. 항상 새로운 목표와 새로운 고지를 향해 움직여야 합니다. 그때 행복과 충만함이 우리를 찾아옵니다.

내가 원하는 것은 무엇인가? 내 인생의 가장 큰 목표는 무엇일까? 바로 떠오르지 않는다면 '내가 원하는 것 목록'을 만들어볼 것을 추천합니다. 혼자 있을 때 정말로 갖고 싶거나 하고 싶은 것들을 노트에 적는 것입니다. 좋은 집이나 세계 여행, 특정한 나라나 장소를 방문하는 것 등이 목록에 들어갈 수 있습니다. 고급 요트를 갖고 싶을 수도 있고, 낚시를 좋아한다면 알래스카에서 연어 낚시를 하거나 뉴질랜드에서 송어 낚시를 하고 싶을 수도 있습니다. 창업을 하고 싶을 수도 있고, 현재 직장에서 승진을 바랄 수도 있습니다. 원하는 라이프스타일을 가능하게 해주는 수준의 소득을 원할 수도 있고, 앞에서 말한 것처럼 구체적인 금액의 저축이나 투자 수익일 수도 있습니다. 특정 모델의 자동차나 지금 사는 집을 증축하는 것일 수도 있습니다.

인생에서 정말로 원하는 것이 있다면 무엇이든 적어보세요. 다 적은 다음에는 목록을 다시 읽어보고 중요도에 따라 번호를 매기세요. 그중에서 1번을 현재 목표로 삼으면 됩니다.

이번 장은 물론이고 나머지 장들도 틈날 때마다 집중해서 다시 읽어보세요. 책에 담긴 내용이 습관적인 생각과 행동 방식으로 자리잡히도록 말입니다. 이 방식은 언제나 효과적입니다. 절대로 빗나가지 않습니다. 인생은 편애하지 않습니다. 그래서 누구나 성공할 수 있고, 실제로 엄청나게 많은 사람들이 성공했습니다. 당신도 할 수 있습니다.

한 가지는 확신합니다. 당신은 자신이 생각하는 대로 됩니다. 안 좋은 일을 곱씹거나 혼란스러운 생각을 계속 떠올리면 삶도 혼란스러워집니다. 하지만 생각이 명료하고 이루어야 할 중요한 목표가 있다면 당신은 그 생각대로 될 것입니다.

한 번에 한 가지 목표를 추구하는 것이 중요합니다. 많은 사람들이 무의식적으로 실수하는 것도 이 부분입니다. 하나의 목표에 몰입하듯 집중하고, 그것을 이룬 후에 또 다른 목표로 나아가야 합니다. 그런데 대부분의 사람들은 그렇게 하지 않고, 결국 아무것도 이루지 못하고 혼란과 변명만 가득할 뿐입니다.

저는 열두 살 때부터 성공의 비밀을 찾아 나섰습니다. 관련 주제에 관한 책을 닥치는 대로 읽었고, 심리학과 사회학을 공부하고, 세계의 위대한 종교들을 공부했습니다. 위대한 철학자들의 글도 읽었습니다. 그렇게 오랜 시간이 흘렀고 어느 순간 갑자기 깨달았습니다. 제가 연구한 수많은 이들의 삶과 제가 읽은 많은 책에서 정말 단순한 진리가 반복적으로 나타난다는 것을요. 사람은 준비되기 전까지는 아무것도 배울 수 없다는 말이 맞았습니다. 20대 후반이 되어서야 저는 오랫동안 찾아 헤맨 비밀을 알아차릴 준비가 되었습니다. 그 비밀은 바로 이것입니다. "사람은 생각하는 대로 된다(We become what we think about)."

지금의 당신은 지금까지 살아오는 동안 당신이 한 생각들의 총합입니다. 그것 말고는 다른 것일 수가 없습니다. 마찬가지로 5년 후의 당신은 당신이 5년 동안 한 생각의 총합이 될 것입니다. 생각은 통제할 수 있습니다. 지금 이 순간부터 어디에 집중할지, 무슨 생각을 할지 결정할 수 있습니다. 그러면 당신은 그 생각대로 될 것입니다. 생각한 목표를 확실하고 분명하게 이룰 수 있습니다. 그것이 바로 추구할 목표가 있어야만 하는 이유입니다. 목표는 마음에는 중심을, 삶에는 방향을 알려줍니다.

스스로 정한 단 하나의 목표를 매일 잠들고 일어날 때, 하루 동안에도 틈나는 대로 생각하면 우리는 정말로 그 목표를 향해 나아가고 목표를 우리에게 끌어당기기 시작합니다. 생각을 집중하는 것은 굽이굽이 흐르는 물길을 반듯한 일직선의 수로로 만드는 것과 같은 효과가 있습니다. 힘과 방향, 효율성, 속도가 생깁니다.

세상에는 우리가 너무도 당연하게 여기는 개인적 자유를 누리기 위해, 일과 목표를 스스로 선택할 권리를 갖기 위해, 풍요로운 생활 수준과 교육 제도의 혜택을 누리기 위해, 가정의 평화와 사생활 보호를 위해, 시민을 박해하는 것이 아니라 보호하는 법을 마련하기 위해서라면 무엇이든 할 사람들이 수십억 명이나 됩니다.

우리는 그 모든 것을 가지고 있습니다. 그런데도 행복하지 않고 목적도 없는 삶을 살아가는 사람이 셀 수 없이 많습니다. 그들은 스스로 만든 감옥에 자신을 가두었습니다. 그들은 인생이 경제나 운명, 행운이나 휴식이 아니라 우리 개개인이 자신의 삶을 책임지고 있다는 사실을 모르고 있습니다. 우리는 각자 자신의 삶에 전적인 책임이 있습니다.

토머스 칼라일도 말했습니다. "목적이 없는 사람은 방향타가 없는 배와 같다. 삶의 목적을 가져라. 그리고 신이 주신 몸과 마음의 힘을 당신의 일에 쏟아라."

그는 이런 말도 했습니다. "의지가 부족한 사람은 길

이 아무리 순탄해도 한걸음 뒤로 갔다가 한 걸음 앞으로 가며 좀처럼 나아가지 못한다. 그러나 온전한 의지를 가진 사람은 아무리 험난한 길에서도 앞으로 나아가 목적지에 도달할 것이다."

연구 과학자 손튼 T. 멍거Thornton T. Munger도 말했습니다. "성공으로 곧장 이어지는 길은 없으며, 강하고 명확한 목적을 통해서만 성공에 이를 수 있다. 그 무엇도 목적을 대신할 수 없다. 목적은 품성, 문화, 지위, 모든 성취의 토대를 이룬다."

목표를 정하십시오. 그리고 고집스럽게 추구하십시오. 목표가 적힌 카드를 매일 잠자기 전, 아침에 일어나서, 낮에 시간 날 때마다 보십시오. 그러면 목표를 잠재의식에 새길 수 있습니다. 이미 목표를 달성한 것처럼 자신을 바라보십시오. 매일 그렇게 하십시오. 그러면 실제로 목표가 이루어지기도 전에 성공의 습관이 만들어집니다. 평생 동안 하나의 성공에서 다음 성공으로 이끌어줄 습관입니다. 이것이 성공의 비결이며, 앞으로 당신이 가질 수 있는 모든 것과 될 수 있는 모든 것으로 향하는 문입니다. 지금도 앞으로도 우리는 생각의 총합입니다. 사람은 생각하는 대로 됩니다.

CHAPTER 4

마음의 기적

Miracle of Your Mind

모든 생명체는 생존하기 위해 자신에게 필요한 것을 갖춘 채로 태어납니다. 단 하나의 종을 제외한 모든 생물은 생존 역할을 대신해줄 본능을 부여받았기 때문에 뇌의 힘이 많이 필요하지 않습니다.

대머리독수리를 예로 들어보겠습니다. 최근 저는 아내와 알래스카 낚시 여행에서 수십 마리의 대머리독수리를 보았습니다. 대머리독수리가 하늘에서 휙 내려와 펄떡거리는 커다란 물고기를 한번에 낚아채는 모습은 경이로움 그 자체였습니다.

가장 놀라운 것은 독수리의 시력이었습니다. 풀숲을 돌아다니는 작은 설치류나 수면 바로 아래의 물고기를 하늘에서 내려다봐야 하므로 눈은 독수리의 머리에서 거의 모든 공간을 차지합니다. 녀석에게 눈은 가장 중요하고, 나머지 모든 기관도 눈과 조화를 이루어 움직입니다. 독수리의 뇌는 작고 기본적인 역할만 담당합니다. 생각이나 계획, 기억을 하지 않으며, 자극에 따라 행동할 뿐입니다. 다른 동물도 대부분 마찬가지입니다. 독수리보다 뇌가 훨씬 큰 쇠돌고래와 침팬지도 훈련을 통해 쉽게 길들일 수 있습니다.

세상에서 단 한 종만이 성숙하는 데 20년이 걸리고, 지구의 모든 생명체는 물론 지구까지 지배하며 지구상의 모든 생명체를 단 몇 시간 만에 파괴할 힘을 가지고 있습니다. 단 한 종만이 마음속으로 그리는 이미지에 따라 자신의 삶을 스스로 창조할 수 있는 신과 같은 힘을 가지고 있습니다.

인간이 만드는 모든 것은 목표 설정의 결과물입니다. 우리는 인류를 괴롭히는 병을 정복할 수 있음을 알고 있습니다. 그런 병을 퇴치하겠다고 목표를 세웠고 하나씩 제거해나갈 것입니다. 우리는 도달하지 못했거나 현재 도달하는 과정에 없는 목표를 세운 적이 없습니다. 심지어 달 착륙도 그랬습니다.

아무도 명확한 목표 없이 원하는 것을 이룬 적이 없습니다. 당신이 이미 목표를 세웠고, 매일 목표에 대해 자주 생각하고 있기를 바랍니다. 그래야 목표가 마음에 새겨져 당신의 상상을 초월하는 잠재의식의 힘이 당신을 도와줄 수 있습니다.

마음이 가져다준 것들을 생각해보십시오. 일, 가족이나 다른 사람들과의 관계, 인생철학, 종교 등 당신이 가진 모든 것은 마음을 사용한 결과입니다. 전문가들이 내놓은 수치를 한번 생각해보십시오. 당신은 뇌의 10% 이하, 실제로는 그보다 훨씬 더 적은 용량을 사용하면서 살아왔을 것입니다.

국립인류잠재력탐구센터National Center for the Exploration of Human Potential 소장인 심리학자이자 교육자인 허버트 오토Herbert Otto는 〈새터데이 리뷰Saturday Review〉에 실린 기사에서 에이브러햄 매슬로Abraham Maslow, 마거릿 미드Margaret Mead, 가드너 머피Gardner Murphy, O. 스펄전

잉글리시 O. Spurgeon English, 칼 로저스 Carl Rogers를 비롯한 다수의 유명 과학자가 인간이 주어진 능력의 지극히 적은 부분밖에 사용하지 못한다는 이론에 동의했음을 알려주었습니다. 그들 중 마거릿 미드는 인간은 주어진 능력에서 6%밖에 쓰지 못하고 있다고 했고, 허버트 오토는 "나는 5% 이하라고 생각한다."라고 적었습니다.

신경학 연구는 인간의 잠재력에 대한 이해를 한층 넓혀주었습니다. UCLA 뇌 연구소 UCLA Brain Research Institute에 따르면, 모든 인간에게는 놀라운 능력이 잠재되어 있다고 합니다. 연구진은 "뇌의 궁극적인 창조 능력은 실제로 무한할 수도 있다."라는 놀라운 가설을 발표했습니다. 컴퓨터에 비유하면 인간은 방대한 데이터 저장고지만, 문제해결을 위해 데이터를 활용하도록 자신을 프로그래밍하는 방법을 배우지 못했다는 것입니다.

〈소비에트 라이프 투데이 Soviet Life Today〉라는 잡지에는 이런 내용이 실렸습니다. "인류학, 심리학, 논리학, 생리학의 최신 연구 결과는 뇌의 잠재력이 실로 거대하다는 것을 보여준다. 현대 과학이 뇌의 구조와 원리에 대한 약간의 정보를 제공하자마자 우리는 그 거대한 예비 용량에 큰 충격을 받았다." 이 글을 쓴 소비에트의 저명한 학자이자 작가인 이반 예프레모프Ivan Yefremov는 이렇게도 적었습니다. "일과 삶의 평균적인 조건에서 인간은 주어진 사고 능력의 지극히 적은 부분만을 사용한다. (……) 만약 어떻게든 뇌가 가진 능력의 절반이라도 쓸 수 있다면 우리는 아무런 어려움 없이 40개 언어를 배우고, 두툼한 백과사전 전체를 암기하며, 대학 필수 과목 수십 개를 마칠 수 있을 것이다."

이 말은 결코 과장이 아닙니다. 인간의 잠재력에 대해 일반적으로 받아들여지는 이론적 관점입니다.

그렇다면 어떻게 하면 뇌의 거대한 잠재력을 활용할 수 있을까요? 이는 매우 거대하고 복잡한 문제이며 파급효과도 큽니다. 그러나 허버트 오토는 이렇게 말합니다. "자신의 능력을 최대한 발휘하고 잠재력을 계속 활성화하는 사람일수록 행복감이 두드러지고 에너지가 넘친다는 것은 분명한 사실이다. 그들은 자신을 목적이 있고 창조적인 삶을 이끄는 존재로 본다."

대부분의 사람들이 뇌를 사용하는 방식은 19세기 초에 사람들이 북아메리카 대륙의 동쪽 해안을 따라 난 길고 좁은 땅에만 정착했던 것에 비유할 수 있습니다. 서쪽에 광활하게 펼쳐진 개발되지 않은 땅에는 미국의 자연 자원의 90%가 묻혀 있었는데, 어느 누구도 그 땅으로 가봐야겠다고 생각하지 않았습니다. 그나마 우리가 지금과 같은 경제적 생활 수준을 할 수 있게 된 것은 누군가가 그 땅으로 가서 정착했기 때문입니다.

지금 가진 모든 것이 뇌의 5~10%만 사용한 결과라고 할 때 그 비율을 늘리면 어떤 변화가 생길지 생각해 보십시오. 이 책은 당신에게 잠재된 능력을 더 많이 사용하는 방법과 아직 개척되지 않은 90%의 미개척지를 개발하는 방법을 알려줄 것입니다.

당신의 뇌가 어느 정도의 능력을 갖고 있는지는 아무도 모릅니다. 하지만 확실한 것은 당신의 뇌는 아직 발견되지 않은 금광이라는 점입니다. 당신이 17세이든 70세이든 상관없습니다.

이렇게 생각해보세요. 당신의 목표는 미래에 있습니다. 당신이 해결해야 할 문제는 간단합니다. 당신이 지금 있는 곳과 도달하고자 하는 목표 사이에 존재하는 격차를 메우는 것입니다. 노스웨스턴대 심리학과 과장이었던 로버트 시쇼어Robert Seashore는 이렇게 말했습니다. "성공한 사람은 문제가 아예 없는 사람이 아니다. 문제를 해결하는 방법을 배운 사람이다."

그렇습니다. 원하는 것을 얻고 성공적인 삶을 살려면 지금 있는 곳과 가고자 하는 곳 사이에 놓인 문제들을 해결하면 됩니다.

세상에 문제가 없는 사람은 없습니다. 문제는 삶의 일부분입니다. 하지만 우리는 잘못된 문제에 대해 걱정하느라 너무도 많은 시간을 낭비하고 있습니다. 사람들이 무슨 걱정을 하는지 보여주는 통계가 있습니다. 절대로 일어나지 않을 일에 대한 걱정 40%, 걱정해도 절대로 바뀌지 않는 이미 끝난 일이나 과거에 대한 걱정 30%, 건강에 대한 불필요한 걱정 12%, 지나치게 사소한 걱정 10%, 정말로 타당한 걱정 8%.

간단히 말해서 걱정의 92%는 절대적으로 불필요합니다. 소중한 시간만 잡아먹고 스트레스를 유발하고 정신적 고통만 안겨줍니다.

타당하고 현실적인 고민에는 두 가지 종류가 있습니다. 해결할 수 있는 문제, 개인적으로 해결할 수 있는 수준을 넘어서는 문제. 현실적인 문제는 대부분 전자에 속합니다. 방법만 알면 해결할 수 있습니다. 자기가 원하는 삶을 절대로 얻지 못할 거라고 생각하는 사람들이 많습니다. 그들은 문제를 '해결할 수 있는 도전 과제'가 아니라 '자신의 능력을 한참 넘어서는 일'이라고 보기 때문입니다.

연구에 따르면 성공한 사람들도 남들과 똑같은 문제를 안고 있습니다. 심리학자나 정신과 의사에게 상담을 받으면 가장 좋은 점이 이것입니다. 그들은 나와 똑같은 문제를 가진 사람들이 수십만 명, 어쩌면 수백만 명이나 있다는 사실을 알려줍니다. 모두 같은 문제로 고민하고 있으니 당신이 고민하는 문제 자체는 문제가 아닙니다. 그것을 해결하는 능력에 집중하면 됩니다.

이제부터 당신이 목표를 정했다고 가정해보겠습니다. 기억하세요. 당신은 생각하는 대로 되고, 생각하는 대로 이룰 것입니다. 다시 말해 목표에서 벗어나지 않는 한 반드시 도달할 것입니다. 하지만 과연 어떻게 가능할까요? 바로 여기에서 마음이 나서주어야 합니다.

그런데 마음mind*이란 무엇일까요? 마음에 대해서는 퓰리처상 수상 극작가인 아치볼드 매클리시가 가장 잘 설명해주고 있습니다. 그의 연극 〈자유의 비밀〉에 이런 대사가 나옵니다. "인간을 인간으로 만드는 인간만의 유일한 특징은 바로 생각한다는 것이다. 다른 특징들은 돼지나 말에게도 똑같이 나타난다."

---

* 책에는 의미상 뇌, 마음, 정신의 의미로 사용되었으므로 번갈아가며 사용하기로 한다. —옮긴이

이것은 약간 불편한 진실입니다. 인간의 마음은 인간을 지구상의 다른 생명체들과 구분하는 유일한 특징입니다. 우리에게 의미 있는 모든 것은 마음을 통해 다가옵니다. 가족에 대한 사랑, 신념, 재능, 지식, 능력 등 정말로 모든 것이 마음을 통해 반영됩니다. 우리가 이루고 싶어 하는 목표도 마음을 어느 정도 사용하느냐에 따라 달라질 것입니다. 마음은 지극히 평범한 사람이 마지막으로 도움의 손길을 뻗을 수 있는 곳이기도 합니다.

그 이유를 알고 있나요? 대부분의 사람들이 문제에 직면했을 때 자신의 방대한 정신적 자원을 자동으로 켜지 않는 이유를 알고 있습니까? 바로 생각하는 방법을 배운 적이 없기 때문입니다. 당신이 믿든 안 믿든 이 말은 사실입니다. 대부분의 사람들은 전혀 생각하지 않으면서 살아갑니다. 물론 기억은 하면서 살아갑니다. 하지만 기억은 창의적으로 생각하는 것도, 새로운 방향으로 생각하는 것도 아닙니다. 자극에 반응하는 것도 생각은 아닙니다. 자기 전에 알람을 맞춰야 한다는 것을 기억하고, 아침에 알람이 울리면 일어나는 것은 전혀 생각이 필요하지 않은 일입니다. 샤워, 면도, 옷 입기, 아침 식사, 출근도 마찬가지입니다. 직장에서도 익숙한 루틴에 따라 움직입니다. 퇴근하고 집으로 가서도 틀에 박힌 루틴을 반복할 뿐입니다.

이 세상 사람들 중에서 단 1%만 진정으로 생각합니다. 3%는 자신이 생각한다고 생각합니다. 그리고 나머지 96%는 생각하느니 차라리 죽겠다고 합니다. 다시 말해 대부분의 사람들은 생각하는 법 자체를 모릅니다. 문제를 마주치면 어떻게든지 생각을 회피하려고 애쓰는 거죠. 가족이나 이웃 등 결코 자신보다 잘 알 리 없는 이들에게 조언을 구합니다. 책을 참고하는 사람은 매우 드뭅니다. 노트를 펼치고 맨 위에 문제를 적고 생각 기능을 의도적으로 작동시키는 사람은 더더욱, 거의 없습니다. 무수히 많은 사람 중에서 '손에 꼽을 정도로' 적습니다.

하지만 반대의 사람들도 분명히 있습니다. 문제를 해결하고 자신이 원하는 목표를 쟁취하는 것이 바로 이런 사람들입니다.

인간의 생각이 무엇을 이루어냈는지를 생각해보세요. 인류는 지난 50년 동안 인류 문명의 1만 년 역사를 합친 것보다 더 많은 진보를 이루었고, 지금도 빠르게 발전하고 있습니다. 역사상 존재한 모든 과학자의 약 90%가 지금 시대에 존재합니다.

생각과 인류의 진보라는 영역에서 우리는 상당히 높은 고지에 도달했습니다. 아무리 낙관적인 사람들조차 30년 전에는 꿈도 꾸지 못했던 수준입니다. 새로운 생각은 또 다른 생각을 이끌어내어 오늘날 모든 분야에서 상상을 초월할 정도로 진보의 복리 효과가 나타나고 있습니다.

원자력 발전소나 선박에 태양 에너지를 이용하는 것, 한참 걸리던 힘든 계산 작업을 단 몇 초 만에 빛의 속도로 해결해주는 컴퓨터 등 우리가 보고 만질 수 있는 인류 문명의 모든 진보는 세상에서 가장 강력한 수단인 인간의 생각에서 탄생했습니다.

하버드대학교의 할로 섀플리Harlow Shapley 박사는 지금 우리가 완전히 새로운 인간의 시대에 접어들고 있다고 말합니다. 그가 '생각의 시대'라고 부르는 시기가 온 것입니다. 생각과 정신은 나만의 것입니다. 자유롭게 소유권을 주장해도 됩니다.

주 40시간의 표준 노동시간은 앞으로 점점 줄어들 가능성이 큽니다. 일반적으로 직장인이 마음대로 쓸 수 있는 자유 시간이 엄청나게 많아진다는 뜻입니다. 매일 8시간씩 잠을 잔다고 가정할 때, 1년에 잠자는 시간을 제외하고 깨어 있는 시간은 총 6,000시간에 이르고 그중에서 일하는 시간은 2,000시간 미만입니다. 그렇다면 일하거나 잠자는 데 쓰이지 않는 시간은 1년에 4,000시간이나 됩니다. 개인이 하고 싶은 것을 하면서 마음대로 쓸 수 있는 자유 시간입니다.

삶에서 놀라운 변화가 일어나기를 원한다면 일주일에 5일 동안 하루에 한 시간씩 생각하는 법을 훈련하는 데 사용해보십시오. 주말에는 하지 않아도 됩니다. 먼저, 매일 규칙적으로 훈련할 수 있는 시간대를 고르십시오. 제 경우에는 아침에 가족들이 일어나기 한 시간 전이 가장 좋았습니다. 머리는 맑고 집 안은 조용한 상태에서, 원한다면 갓 내린 커피 한 잔과 함께, 마음을 작동시키는 시간입니다.

이 훈련을 의미 있는 활동으로 만들기 위한 좋은 방법이 있습니다. 매일 훈련하기 전에 백지를 한 장 준비합니다. 맨 위에 현재의 목표를 간단하지만 명확하게 적습니다. 미래는 우리가 지금 일을 어떻게 처리하느냐에 따라 달라지므로 현재 시점에서 자신이 그 목표를 이루기 위해 할 수 있는 일을 최대한 많이 적어봅니다. 그날 하루의 중요한 과제를 더 잘하는 방법을 20가지 떠올려보는 것입니다. 20가지나 생각나지 않을 수도 있습니다. 단 하나의 아이디어라도 좋습니다.

이때 기억해야 할 두 가지가 있습니다. 첫째, 이것은 결코 쉬운 일이 아니며 둘째, 당신이 떠올린 아이디어는 대부분 좋지 않을 것이라는 사실입니다. 여기에서 '쉬운 일이 아니다.'라는 말은 습관을 기를 때와 비슷하다는 뜻입니다. 아마 당신의 마음은 오래되고 익숙한 패턴, 그러니까 안전지대에서 선뜻 빠져나오려고 하지 않을 것입니다. 그럼에도 당신은 더 잘하는 방법을 적어야 합니다. 약간 엉뚱한 생각이라도 떠오르는 아이디어를 전부 다 적는 것이 좋습니다.

그러면 어떤 일이 일어날지 알려주겠습니다. 떠오르지 않는 아이디어를 짜내느라 별의별 내용을 썼을 수 있겠지만, 그중에는 해볼 만한 가치가 있는 꽤 괜찮은 아이디어도 있을 것입니다. 무엇보다 이런 활동의 가장 큰 효과는 당신이 원하는 목표가 잠재의식 깊숙이 스며들고, 매일 아침 눈뜨자마자 작동한다는 것입니다.

하루에 아이디어를 20개씩 떠올리면 주말을 제외하고도 일주일에 총 100개나 됩니다. 따지고 보면 하루에 한 시간씩, 일주일에 5일을 이런 활동을 한다고 해도 1년에 총 260시간밖에 안 되고, 자유 시간이 3,740시간이나 남습니다.

더욱 놀라운 것은 이 방법을 실천하면 1년에 6.5주를 목표와 성과를 향상시키는 방법에 대해 생각한 셈이라는 점입니다. 주 40시간제를 기준으로 6.5주만 생각과 계획에 쏟는 것입니다. 경쟁력을 키우기가 얼마나 쉬운지 이해했나요? 그러고 나서도 하루에 마음대로 쓸 수 있는 시간이 7시간이나 남아 있습니다.

매일 하루를 생각으로 시작하면 뇌가 온종일 열심히 움직이는 것이 느껴집니다. 전혀 예상하지 못한 순간에 잠재의식에서 멋진 아이디어가 튀어나오지요. 아이디어가 떠오르면 곧바로 메모를 해야 합니다. 멋진 아이디어 하나가 당신의 일과 삶을 완전히 바꿀 수도 있습니다.

몸의 근육을 키우려면 매일 근육 운동을 해야 합니다. 정신도 같은 방식으로 단련할 수 있지만, 투자한 시간과 에너지에 비해 수익이 엄청나다는 점이 다릅니다. 인간의 정신은 무엇이든 들어 올리는 힘이 있습니다. 반면 근육은 아무리 최상으로 키워도 인간보다 훨씬 멍청한 동물의 근육과 나란히 견주면 보잘것없습니다. 만약 생존이 근육에 달려 있었더라면 인류는 공룡처럼 진즉에 지구에서 사라졌을 것입니다. 공룡은 지구상에 존재했던 생명체 가운데 신체적으로 가장 강한 생물이었습니다.

하루에 한 시간을 생각에 투자하는 이 루틴을 실천한 사람들이 직접 말해준 결과 중 일부를 알려주려 합니다. 사무기기 업체에서 일한 지 4년 된 세일즈맨은 이 루틴을 실천한 후 한 달 매출이 지난 4년 동안의 1년 평균 매출보다 많아졌습니다. 학생이 5명뿐인 일요학교 교사는 학생을 30명으로 늘리는 것을 목표로 삼았습니다. 그는 마지막 편지에서 학생 수는 25명까지 늘었다고 말했습니다. 목표에 거의 도달한 것입니다.

저 역시 수년 동안 하루 한 시간을 생각에 투자하면서 인생에서 가장 만족스럽고 보람 있는 경험을 했습니다. 일주일의 총 168시간 중에서 5시간만 투자하면 됩니다. 정말로 그만한 가치가 있느냐고요? 일주일에 5시간씩 금을 캔다고 생각하십시오. 물론 마음은 황금보다 훨씬 더 큰 가치가 있습니다.

목표를 종이에 적을 때마다 절대 걱정하지 마십시오. 목표가 이루어지고 문제가 해결되는 것은 시간문제일 뿐 기정사실입니다. 흔들리지 않는 믿음으로 문제해결에 온 마음의 힘을 쏟는다면 반드시 해결될 것입니다. 그러면 당신은 자기 삶의 주인이 될 수 있습니다.

이번 장에서 이야기한 내용을 요약해보겠습니다.

이번 주부터 매일 하루 한 시간씩, 지금 하는 일을 더 잘할 수 있는 방법을 최대한 많이 떠올려보세요. 하루에 20개씩 시도해보세요. 낙담하지 마세요. 목표 달성은 물론 당신의 미래가 이 과제에 달려 있다는 것을 기억하십시오. 이런 식으로 마음을 단련하면 계속 연습하고 싶어질 것입니다.

지금의 삶이 당신의 잠재능력을 5~10% 사용한 결과라면, 그 수치를 20% 이상으로 올리면 삶이 어떻게 달라질지 상상해보십시오.

성공한 사람들은 문제가 아예 없는 것이 아니라 문제를 해결하는 법을 배운 사람들입니다.

불필요한 걱정으로 시간과 에너지를 낭비하지 마십시오. 걱정의 40%는 절대 일어나지 않을 일이고, 30%는 이미 일어났고 바꿀 수 없는 일이며, 12%는 건강에 대한 불필요한 걱정이며, 10%는 지나치게 사소한 걱정이고, 진짜 걱정은 단 8%에 불과합니다. 진짜 걱정과 불필요한 걱정을 구분하고, 능력 범위 내에 있는 것들만 해결하도록 노력하십시오.

인류는 50년 동안 지난 1만 년 동안의 문명보다 더 많이 발전했습니다. 우리는 지금 수 세기 동안 꿈꾸던 황금기의 한가운데에 살고 있습니다. 그리고 세상은 더 나아질 것입니다.

세상에서 당신의 인생 목표를 이루어줄 수 있는 것은 오로지 당신의 마음뿐입니다. 마음을 효율적으로 움직이고, 그것이 당신에게 제공하는 좋은 아이디어를 실행하면 됩니다.

우리는 자신의 능력을 과소평가하는 경향이 있습니다. 우리는 자신의 깊숙한 곳에 위대한 능력, 심지어 천

재성의 깊은 저수지가 있다는 것을 깨달아야 합니다. 충분히 깊이 파고들기만 하면 그것을 활용할 수가 있습니다. 그 능력이 바로 '마음의 기적'입니다.

CHAPTER 5

원인과 결과의 법칙

Destiny in the Balance

놀랍게도 대부분의 사람들은 실패를 해야만 무언가를 배웁니다. 앞 세대에서 위대한 발견이 이루어지면 다음 세대는 당연히 그것을 유용하게 활용할 것 같지만 현실은 그렇지 않습니다. 삶에 분명히 영향을 미치는 발명과 발견은 그렇지만, 개인의 운명을 결정 짓는 위대한 법칙들은 제대로 활용되지 않는 경우가 많습니다.

어느 가난한 나라에서 한 무리의 노동자들이 농장에 고용되었습니다. 오지 마을 출신인 그들은 자동차가 무엇인지 알지 못했습니다. 난생처음 트럭 뒤 칸에 탄 채로 달리는 것이 즐겁기만 했습니다. 목적지에 도착하자 그들은 아직 달리는 트럭에서 당연하게도 그냥 뛰어내렸습니다.

다행히 포장도로가 아닌 부드러운 흙길로 떨어졌습니다. 그래도 달리는 트럭에서 그런 기상천외한 방법으로 내렸으니 충격이 있을 수밖에 없었지요. 그들은 중력과 마찰의 힘으로 먼지투성이 흙길을 수레바퀴처럼 한참 동안 구르고 미끄러지다가 마침내 멈추었습니다. 다행히 크게 다친 사람은 없었습니다. 겁에 질린 트럭 운전사가 달려왔을 때 그들은 오히려 재미있다는 듯 크게 웃고 있었습니다.

나중에 사건을 설명하면서 트럭 운전사는 일꾼들이 트럭에 한 번도 타본 적 없다는 것이 문제였다고 말했습니다. 당연히 그렇게 생각할 수밖에 없겠지만 사실은 아니었습니다. 외딴 시골길에서 일꾼들이 서커스 곡예라도 하듯 빙그르르 구른 것은 어떤 법칙을 무시해서 생긴 일이었습니다. 그것은 트럭, 보트, 비행기를 비롯해 움직이는 모든 물체에 똑같이 작용하는 바로 그 법칙입니다.

아이작 뉴턴Isaac Newton이 발견한 그 법칙은 이러합니다. "움직이는 물체는 외부의 힘이 가해지지 않으면 계속 움직이는 경향이 있다."

빠르게 달리는 트럭의 뒤 칸에서 뛰어내렸을 때 일꾼들은 트럭과 같은 속도로 움직이고 있었습니다. 외부의 힘인 중력이 그들을 도로로 끌어당겼고요. 하지만 그들은 여전히 트럭과 같은 속도로 움직이고 있었으니 어떤 일이 벌어졌을지 짐작될 것입니다. 그들은 우주 만물에 작용하는 중요한 법칙을 이해하지 못했기 때문에 다치고, 혼란에 빠지고, 겁먹고, 대굴대굴 굴러야 했습니다. 바로 '원인과 결과의 법칙the law of cause and effect'입니다.

이 법칙은 역사적으로 가장 뛰어난 지성인들에 의해 수없이 다루어졌고 매우 다양한 형태로 표현되었습니다. 이 책에서 다루는 주제와 가장 잘 어울리는 표현은 "우리가 얻는 보상은 우리가 제공하는 서비스와 일치한다."입니다. 이것은 "뿌린 대로 거둔다."의 다른 표현이기도 합니다. 이 말은 조금씩 다른 형식으로 지구상의 모든 언어로 표현되었습니다.

아이작 뉴턴은 물리 법칙을 발표하면서 이렇게 표현했습니다. "모든 작용에 대해 크기는 같고 방향은 반대인 반작용이 존재한다."

"우리가 얻는 보상은 우리가 제공하는 서비스와 일치한다."라는 말에 거의 모든 사람이 동의할 것입니다. "맞아. 그건 사실이야."라고 고개를 끄덕일 것입니다. 그런데도 사람들은 이것이 자신의 모든 생각과 행동에 영향을 끼칠 정도로 거대하고 포괄적인 진리라는 사실은 깨닫지 못합니다.

저는 원인과 결과의 법칙을 생각하면 커다란 양팔 저울이 떠오릅니다. 팔 모양의 긴 막대 양 끝에 접시가 매달린 저울 말입니다. 한쪽 접시는 '보상', 다른 한쪽 접시는 '서비스'라고 적혀 있습니다. 세상은 '보상' 접시와 일치할 것입니다. 우리가 어떻게 생각하고 일하고 말하고 행동하는가는 '서비스' 접시에 올려집니다. 그리고 우리가 세상에 제공하는 서비스의 범위와 성격이 보상을 결정합니다.

보상이 불만족스러운 사람은 서비스 접시를 다시 확인해야 합니다. 말했듯이 모든 작용에는 반작용이 존재하고 사람은 뿌린 대로 거둡니다. 무엇을 내놓느냐가 무엇을 돌려받을지를 결정합니다. 너무나 단순하고 기본적인 이 진리를 제대로 이해하지 못하는 사람이 너무 많습니다.

빠르게 변화하는 시대에 맞춰 비즈니스가 확장하지 못한다면 그것이 세상에 이바지하는 정도, 즉 서비스 접시를 돌아보아야 합니다. 소득에 만족하지 못하는 사람도 자신의 서비스를 돌아보고 평가할 필요가 있습니다.

그런데 우리는 누구에게 서비스를 제공하는 걸까요? 우리는 각자 저마다 인류에 서비스를 제공하고 있습니다. 여기에서 '인류'란 개인이 만나는 사람들입니다. 가족, 친구, 이웃, 동료, 고객, 잠재고객, 고용주 등 그가 봉사하기로 선택한 모든 사람입니다. 어떤 식으로든 접촉하는 모든 사람이 인류입니다. 우리가 받는 보상은 그들에게 봉사하는 정도에 따라 결정됩니다.

역사적으로 지금처럼 인류가 상호 의존적이었던 적은 없었습니다. 우리는 모두 다른 사람에게 서비스를 제공하면서 동시에 타인의 서비스를 받지 않고 살아가는 것이 불가능합니다. 좋은 일입니다. 상호 의존성이 긴밀해질수록 인간의 성취도는 높아질 것입니다. 인간은 서로가 필요하고 서로가 없으면 살아갈 수 없습니다. 성냥을 켤 때, 물 한 잔을 마실 때, 조명을 켤 때, 전화기를 들 때, 차를 운전할 때, 옷을 입고, 목욕을 하고, 잔디를 깎거나 낚시하러 갈 때마다 우리는 다른 사람이 제공하는 서비스를 이용합니다. 손목시계를 볼 때도 위대한 산업과 수많은 사람의 노력이 제공하는 서비스를 받는 것입니다.

모든 인간은 보상을 추구합니다. 보상은 유형과 무형의 두 가지 형태로 존재한다는 것을 알아야 합니다. 우리가 버는 돈, 우리가 사는 집, 운전하는 자동차, 입는 옷 등은 당연히 보상입니다. 보이지 않지만 우리의 행복과 마음의 평화, 내적 만족, 좋아하는 사람들과 보내는 시간도 보상입니다.

기억해야 할 것이 있습니다. 두 가지 형태 중 어떤 보상을 추구하든 보상을 얻으려면 다른 사람에게 서비스를 제공하는 것이 먼저입니다. 원인이 있어야 결과가 뒤따르는 법입니다. 이 법칙을 피하려고 하면 실패와 좌절, 궁극적으로는 사기 저하로 끝날 것입니다.

우리는 요즘 주위에서 좌절한 얼굴을 쉽게 볼 수 있습니다. 초조함과 긴장감으로 일그러진 얼굴, 전 세계에서 매일 소비되는 산더미 같은 신경안정제만 봐도 알 수 있습니다. 보상을 얻는 것 자체가 너무 복잡한 것 같다며, 미리 포기하고 상황에 휩쓸린 채 살아가는 게으르고 우둔한 이들에게서도 좌절한 얼굴이 보입니다.

그들이 그렇게 된 데는 단순하고 경이로운 이 자연법칙에 대한 오해나 무지가 얼마나 큰 비중을 차지할까요? 아마도 가장 큰 원인일 것입니다.

당신은 이 법칙을 머리로나 마음으로나 완전히 이해했습니까? 그렇다면 당신은 인생을 가로지르는 멋진 길을 개척할 수 있을 것입니다.

농장 일꾼들이 달리는 트럭에서 내린 것처럼, 아이가 닫히는 문에 손가락을 갖다 대는 것처럼, 빠른 속도로 달리는 자동차가 자연스럽게 커브를 돌지 못하는 것처럼, 당신은 얼마나 자주 법칙에 어긋나는 행동을 하며 당혹스러웠나요? 인간이 만든 법칙뿐만 아니라 자연의 법칙에도 말입니다. 마치 벽난로 앞에 앉아서 "따뜻하게 해주면 장작을 줄게."라고 말하는 사람과 다를 바 없이 행동한 적이 얼마나 많았나요?

세상에는 세 가지 부류의 사람이 있습니다. 따뜻함을 기대하기 전에 장작부터 넣어야 한다는 사실을 아는 사람. 아무것도 하지 않아도 실내가 따뜻해질 거라고 생각하는 사람. 장작을 아주 조금만 넣어도 엄청나게 따뜻해질 거라고 생각하는 사람.

불만은 현재 가진 것과 원하는 것 사이의 거리로 측정됩니다. 일단 원하는 것을 손에 넣으면 분명 더 많은 것을 원하게 됩니다. 그것이 인간의 본성입니다. 당연한 현상이고 바람직한 신호입니다. '건설적인 불만'은 인류 문명이 끊임없이 상승 곡선을 그릴 수 있었던 원인입니다.

당신이 진정으로 원하는 것을 알고 있다고 가정해봅시다. 그렇다면 그 목표가 당신의 현재 지점에서 얼마나 떨어져 있는지 객관적으로 살펴보고, 세상에 제공하는 서비스를 개선해서 두 지점을 잇는 다리를 만드는 방법을 찾아보십시오. 당신의 이런 부단한 노력으로 생각과 창조적 과정이 활발하게 가동되기 시작하면 짧은 시간 내에 목표를 달성할 수 있습니다.

세계적으로 내로라하는 아름다운 자연경관을 가진 캘리포니아 몬터레이Monterey의 레스토랑에서 아침을 먹고 있을 때였습니다. 옆자리에는 젊은 커플이 앉아 있었습니다. 두 사람은 기껏해야 스물다섯 정도밖에 안 되어 보였는데, 얼굴에 근심과 불행이 가득해 보였습니다. 남자가 말했습니다. "여기저기 알아봤지만 날 써주겠다는 데가 없어. 우리 그냥 집으로 돌아가야 할 것 같아."

이곳에서 살고 싶어 왔지만 가진 돈도 떨어지고 직

업을 구하는 데도 실패한 듯했습니다. 그런데 그의 말에서 그가 왜 실패했는지를 짐작할 수 있었습니다. 그 남자는 "날 써주겠다는 데가 없어."라고 말했습니다. 자신에게 필요한 것을, 그러니까 일자리를 누군가가 주기를 바라는 것이었죠.

만약 그가 뒤집어 생각해보았더라면 어땠을까요? '이 아름다운 동네 사람들에게 내가 줄 수 있는 서비스가 뭐가 있을까?' '어떻게 하면 우리는 이 공동체에 가치를 줄 수 있을까?'

"만약 우리가 이곳 사람들에게 서비스를 제공하는 방법을 생각해낸다면 그들이 우리에게 필요한 생계를 제공해줄 거야." 그곳 사람들이 필요로 하거나 원하는 것 중에서 그가 제공해줄 수 있는 것을 생각해낸다면 상황은 달랐을 것입니다. "이곳 사람들에겐 핸디맨handyman*이나 최고의 가사도우미가 필요하지 않을까? 집을 방문해 세차와 왁스로 광을 내는 서비스를 제공하면 어

---

* 가전, 설비, 목공 등 집 안의 모든 것을 수리하고 제작하는 직업. —옮긴이

떨까? 쇼룸 전시 모델처럼 보이도록 자동차를 구석구석 깨끗하게 닦고 광을 내주는 거야. 당장 볼펜과 종이를 가져와서 우리가 이 동네에서 할 수 있는 일을 전부 적어보자. 수익성이 더 큰 다른 방법을 떠올릴 때까지 시간을 벌 수 있을 거야. 세차와 광택 서비스가 이 동네 사람들에게 꽤 유용한 서비스로 성장할 수도 있어. 거기에서 멈추지 말고 우리가 이 동네 사람들에게 서비스를 제공할 수 있는 더 많은 방법을 생각해보자."

모든 것이 끝났다는 실패한 얼굴 대신 그 커플이 이런 대화를 했더라면 어땠을까요? 그랬다면 그들은 몬테레이 페닌슐라에 계속 머물며 사업을 시작하는 방법을 10가지도 넘게 생각해냈을 것입니다. 누가 일자리를 줄 필요도 없었습니다. 그들에게 필요한 것은 '생각'이었습니다. 하지만 그들은 생각이라는 것을 제대로 해본 적이 없었습니다. 그들에게 생각은 외국어만큼이나 낯설기만 한 것이었습니다.

인간의 명석한 두뇌를 가진 밝고 멋진 두 젊은 남녀. 기회가 손짓하는데도 그들은 포기하고 집으로 돌아갈 생각이었습니다. 그들의 머릿속에 금광이 들어 있는데 아무도 그들에게 그 사실을 알려주지 않았습니다. 이 커플처럼 행동할 사람들이 과연 얼마나 많을까요? 대부분의 사람들은 이 커플과 비슷하게 반응할 것입니다. 생각만 하면 되는데 다른 해결책을 찾아 나섭니다. 심지어 범죄라는 최악의 선택까지 합니다.

조지 버나드 쇼George Bernard Shaw는 말했습니다. "나는 일주일에 두어 번만 생각함으로써 부와 명성을 얻을 수 있었다. 대부분의 사람들은 생각을 전혀 하지 않는다."

몬테레이에서 만난 젊은 커플은 성실해 보였지만 씨를 뿌리지 않았습니다. 따라서 그들은 수확할 것이 없었습니다. 그들은 공동체에 아무것도 투입하지 않았습니다. 따라서 대가로 아무것도 기대할 수 없었습니다. 불공평해 보일 수 있지만 전혀 그렇지 않습니다. 놀라울 정도로 분명하게도 지극히 공평한 일입니다.

당신이 할 일은 씨를 뿌리는 것입니다. 씨뿌리기는

개인의 몫입니다. 그러면 나머지는 저절로 알아서 진행됩니다. 씨뿌리기에 필요한 장비는 모든 사람에게 무료로 주어졌으니 사용하기만 하면 됩니다. 안타깝게도 학교에서는 어떻게 생각해야 하는지 가르쳐주지 않습니다. 놀랍게도 생각은 완전히 무시되고 있습니다.

한 사람의 세상은 땅의 한 구획에 비유할 수 있습니다. 그 땅은 분명히 존재합니다. 그 안에는 놀라운 잠재력이 있으며, 개인의 모든 행동에 반응할 준비가 되어 있습니다.

당신의 일을 땅의 한 구획이라고 생각해보십시오. 처음 그곳에는 흙밖에 없습니다. 그 땅에서 마냥 앉아서 지켜보기만 한다면 아무 일도 일어나지 않을 것입니다. 하지만 만약 그곳에 씨앗을 몇 개 뿌리면 땅의 자연적인 비옥함과 비가 합쳐져서 그 작은 노력에 대한 보상이 주어질 것입니다. 작용이 있으면 반작용이 있습니다. 이 땅에 무엇이 필요한지가 모든 것을 좌우합니다. 땅에 무엇이 필요한지를 가장 먼저 알아야 합니다.

땅에 필요한 것이 가장자리에 화단이 있는 아름다운 잔디밭과 언젠가 멋지게 가꾸어진 땅을 보며 감탄할 수 있게 그늘을 드리워줄 커다란 나무라고 해봅시다. 정원 만들 곳을 표시해서 땅을 파고 고르고 돌이나 쓰레기를 치운 다음에 잔디, 꽃, 나무를 심습니다. 이때부터 땅을 보는 사람들은 그가 얼마나 그 땅에 봉사하고 헌신했는지를 알 수 있습니다. 어떻게 알 수 있을까요? 땅이 그에게 무엇을 돌려주고 있는지를 보면 알 수 있습니다.

모든 사람에게는 각자의 땅이 주어져 있습니다. 그것만 있으면 됩니다. 땅에 무언가를 심는 것은 첫 단계일 뿐입니다. 얼마나 잘 가꾸느냐가 그 땅의 성공과 위대함을 결정합니다.

어느 전도사가 차를 타고 아름다운 농장을 지나게 되었습니다. 정성껏 가꾸어진 들판에 잘 자란 농작물이 가득했습니다. 울타리와 농가, 헛간은 전부 깨끗하고 깔끔했으며, 페인트도 새로 칠해져 있었습니다. 길에서부터 농가까지 울창한 나무들이 줄지어 서 있고,

농가에는 나무 그늘 아래로 화단과 잔디밭이 있었습니다. 보기만 해도 기분 좋아지는 아름다운 풍경이었습니다. 밭에서 일하던 농부가 길 근처의 밭 끄트머리 부분에 이르렀을 때 전도사는 차를 세우고 축복의 인사를 건넸습니다. "신이 당신에게 아름다운 농장이라는 축복을 주셨군요."

농부는 하던 일을 멈추고 잠시 생각에 잠기더니 대답했습니다. "맞습니다. 신의 축복이지요. 감사하고 있습니다. 하지만 이 땅이 신의 것이었을 때는 어떤 상태였는지 보셨어야 합니다."

농부는 훌륭한 농장이라는 축복을 받았지만, 그 땅을 지금의 상태로 만든 것은 자신의 애정과 노동이라는 것을 알고 있었습니다.

모든 사람에게는 자신이 일구어야 할 땅이 주어집니다. '평생의 삶과 스스로 선택한 직업'이 바로 그것입니다. 농부처럼 처음에는 별 볼 일 없는 땅을 성공적으로 일구어내는 비전과 상상력, 지성이 있다면 감사한 일입니다. 하지만 잡초와 쓰레기가 가득하고 건물은 페인트칠도 되지 않은 채 허물어져가는, 목적도 지속성도 없는 땅으로 방치될 수도 있습니다. 전자를 선택하든 후자를 선택하든 땅은 그 자리에 그대로 있습니다. 우리가 그 땅을 어떻게 가꾸느냐가 인생의 차이를 만듭니다. 기적이 일어날 가능성은 언제나 있습니다. 자신에게 주어진 것에 어떻게 반응하느냐에 따라 개인의 성취가 결정된다는 사실을 깨닫는 지혜가 있다면 기적은 반드시 일어납니다.

당신이 제공하는 서비스를 개선하고 싶다면 관련 분야의 책을 읽으십시오. 다른 사람들이 찾아낸 효과적인 방법은 무엇인지를 찾아보십시오. 하지만 자신만의 독창적인 방법으로 서비스를 향상시키는 방법도 고민해야 합니다.

일주일이나 한 달 동안 열심히 하다가 예전의 습관으로 돌아가버리면 일주일이나 한 달 동안 땅을 가꾸다가 방치해버리는 것과 마찬가지입니다. 그러면 전혀 가꾸지 않으니만 못합니다. 매일 아침, 그리고 그날 매

순간 스스로에게 질문하십시오. "내가 받는 보상은 사람들에게 제공하는 서비스에 정확히 비례한다. 그렇다면 나는 오늘 어떻게 하면 서비스를 늘릴 수 있을까?" 매일 이 질문을 떠올리면 인생에서 가장 가치 있는 습관을 기를 수 있습니다.

미국의 교육 개혁자 호러스 만Horace Mann은 이렇게 적었습니다. "위대함을 추구한다면 위대함은 잊고 진리를 찾으려고 하라. 그러면 위대함과 진리 둘 다 찾을 것이다."

세상의 모든 성공과 성취, 아니, 세상 그 자체의 토대가 되는 위대한 진리와 위대한 법칙에 집중하십시오. 그러면 혼란과 복잡함, 머릿속을 떠나지 않는 걱정거리, 막연하고 근거 없는 두려움을 떨쳐버릴 수 있습니다.

전 세계의 어느 지역이든 공동체가 구성원들을 위해 무엇을 하는지를 보면 구성원들은 공동체의 이익을 위해 무엇을 하고 있는지를 바로 알 수 있습니다. 도시든 농촌이든 마찬가지입니다.

사업장을 바라볼 때도 마찬가지입니다. 공동체가 사업장을 위해 무엇을 했고, 하고 있는지를 관찰하면 그 사업장이 공동체를 위해 무엇을 하고 있는지를 알 수 있습니다. 사업장이 번창하고 성장하고 있습니까? 아니면 겨우 버티거나 머지않아 문을 닫아야 할 수준인가요? 사업장의 상황은 업종을 막론하고 그 사업장이 제공하는 서비스를 그대로 반영합니다. 그 서비스가 무엇이든 사람들이 얼마나 잘 받아들이고 있는지를 보여줍니다. 그들의 필요와 욕구를 충족시키고 있습니까?

가정집이 들어선 거리도 같습니다. 어떤 거리에는 멋지고 비싼 집들이 있고, 가난에 찌든 게 분명해 보이는 동네도 있습니다. 금방이라도 무너질 것 같은 초라한 집들, 잡초 무성한 마당, 사방에 나뒹구는 깡통과 쓰레기. 차들은 낡고 오래되었습니다. 멋지고 비싼 집이든, 더럽고 낡은 집이든, 집은 그곳에 사는 사람들이 자신들과 공동체를 위해 무엇을 하고 있는지를 보여줍니다. 간단한 진리입니다.

이 문제는 오래전부터 제 흥미를 자극했습니다. 실업

률 높은 동네에 사는 사람들은 집과 마당을 정돈할 시간이 부족한 반면, 열심히 바쁘게 일하는 사람들은 화단과 잔디밭이 잘 가꿔져 있고 깨끗하고 좋은 집을 갖고 있습니다. 환경은 동네 사람들을 비추는 거울입니다. 사람이 변화하면 환경도 변화합니다.

이런 말이 떠오릅니다. "실제 당신이 어떤 사람인지는 당신의 입에서 나오는 말보다 목소리에서 더 잘 알 수 있다."

어느 날 한 남자가 TV에서 중계되는 프로 미식축구 경기를 보고 있는데, 다섯 살짜리 아들이 계속 귀찮게 했습니다. 그래서 남자는 일요신문의 한 페이지를 찢었습니다. 그 페이지는 항공사의 전면 광고였는데 우주에서 본 지구의 모습이 있었습니다. 그는 페이지를 12조각으로 찢어서 아들에게 주면서 말했습니다. "자, 이 그림을 원래대로 맞힌 다음 스카치테이프로 붙여서 아빠한테 보여주렴. 우리 아들 얼마나 똑똑한지 한번 보자." 남자는 그렇게 말하고 다시 축구 경기에 열중했습니다.

놀랍게도 아이는 금방 종잇조각을 맞춰서 테이프로 붙였습니다. 붙인 모양새가 그렇게 깔끔하지는 못해도 나이치고는 꽤 잘해냈습니다. "와, 대단한데? 어떻게 그렇게 빨리 맞출 수 있었어?" 아빠가 감탄하며 물었습니다. 아이는 이렇게 대답했습니다. "종이 뒤쪽에 남자 그림이 있었어요. 그래서 남자를 제대로 맞추니까 지구도 저절로 맞춰졌어요."

아빠는 어리둥절해하는 아들을 따뜻하게 꼭 안아주었습니다. "맞는 말이다, 아들아. 사람이 제대로 되면 그의 세상도 제대로 맞춰지는 법이지."

아이가 하나로 맞춘 그림 조각처럼 제대로 된 사람은 성공의 원칙을 이해합니다. 열심히 하는 것만으로는 부족합니다. 충분하지 않습니다. 똑똑하게 일해야 합니다. 이런 말을 자주 들어보았을 것입니다. "돌아가신 저희 아버지는 평생 열심히 일하셨지만 그만한 재산을 일구지는 못하셨습니다." 사실 이 말은 이런 뜻이나 다름없습니다. "저희 아버지는 평생 성공의 원칙을 깨닫지 못하셨습니다. 평생 열심히 일했지만 세상에 제공하는 서비스가 제한된 일이었습니다." 이런 뜻이라고도 할 수 있습니다. "저희 아버지는 매우 똑똑한 분이었지만 평생 이 일 저 일을 전전하셨지요. 무지개 너머에서 기다리는 금 항아리를 찾아다녔지만, 한 가지 일을 꾸준히 하지 않아서 답을 찾지 못하셨습니다."

성공은 시간이 걸립니다. 헌신, 100%의 전념, 창의적인 생각이 필요합니다. 계속 자신에게 물어야 합니다. "어떻게 하면 내가 제공하는 서비스의 범위를 넓혀서 내가 거둘 수확과 보상을 늘릴 수 있을까?"

어떻게 하면 상황을 바로잡을 수 있을까요? 하버드대 교수인 윌리엄 제임스가 답합니다. 그는 이렇게 적었습니다. "우리를 흥분하게 만드는 특별한 자극이나 중요한 아이디어는 우리가 자발적으로 더 노력하게 만든다. 한마디로 흥분감과 아이디어, 노력은 우리가 중요한 고지를 넘어갈 수 있도록 해준다."

당신을 설레고 흥분하게 만드는 목표를 세우십시오. 아이디어와 노력이 양팔 저울에서 서비스의 접시에 무게를 더할 것입니다. 그리고 필연적으로 보상이 뒤따를 것입니다. 당신은 분명히 보상받을 것입니다. 이 진리를 깨닫는 순간 보상은 이미 당신의 것입니다.

우리는 평생 뿌린 대로 거두며 살아갈 것입니다. 수입과 미래를 걱정한다면 저울의 잘못된 부분에 집중하고 있는 것입니다. 다른 쪽을 보십시오. 서비스를 늘리는 것에 집중한다면, 지금 하는 일에서 위대해지는 방법을 찾는다면 수입과 미래는 저절로 해결됩니다. 벽난로 앞에 앉아서 온기를 먼저 요구하지 마십시오. 절대로 불가능한 요구입니다. 먼저 땔감을 넣어야만 그 결과로 따뜻해집니다.

조용한 곳에 혼자 있을 때 자신의 인생과 땅에 대해 생각해보십시오. 그리고 풍요로운 수확을 거두게 해줄 씨앗을 뿌리기 시작하세요.

윌리엄 제임스는 〈활력의 비축에 대하여 On Vital Reserves〉라는 에세이에서 이렇게 적었습니다. "우리가 되어야만 하는 존재에 비해 지금의 우리는 절반쯤 깨어 있을 뿐이다. 불꽃은 약하고, 공기 흡입구는 막혔으며, 신체적, 정신적 자원의 지극히 적은 부분만 사용하고 있다." 그는 이 주제에 대해 좀 더 자세히 말했습니다. "대개 인간은 자신의 한계에 훨씬 못 미치는 범위 안에서 살아간다. 다양한 능력을 갖추었지만 그 능력을 사용하는 데 습관적으로 실패한다. 인간은 최대치 이하의 활력을 얻고 최적치 이하로 행동한다."

CHAPTER 6

성취를 위한 씨앗

Seed for Achievement

저는 모든 장에서 전달하는 메시지가 하나의 중요한 원칙, 즉 우리가 원하는 결과를 자동으로 만들어주는 생각을 기반으로 차곡차곡 쌓이기를 바랍니다. 이번 장에서는 절대로 실패하지 않는 원칙에 관해 이야기할 것입니다. 이 원칙을 따르면 삶에 품격이 생기고 풍요로워집니다. 절대 흔들리지 않는 마음의 평화가 생깁니다. 그 원칙은 바로 '진실성integrity'입니다.

다른 원칙들과 마찬가지로 진실성은 사회에서 모두 추앙하지만, 정작 삶의 방식으로 받드는 이들은 많지 않습니다. 누구나 상대의 행동이나 타인과의 관계, 말과 일에서 진실성 있는 사람을 좋아하고 가치를 인정하면서도 말입니다.

보통 '진실성' 하면 근엄하고 냉철한 얼굴에 정직하고 도덕적으로 행동하는 사람을 떠올립니다. 하지만 여기에서 말하는 진실성은 약간 다릅니다. 유머감각 있는 진실성, 이해심 있는 진실성, 친절함과 온화함이 있는 진실성입니다. '남들도 다 하니까 나도 괜찮겠지.'라는 생각으로 자신의 편의에 따라 행동하지 마십시오. 잘못된 일임을 알면서도 행동하면 문제가 생깁니다.

'성취를 위한 씨앗'이 바로 진실성입니다. 진실성은 정직honesty과 진실truth을 의미합니다. 이 단어를 가장 잘 표현한 것은 셰익스피어일 것입니다. 〈햄릿〉에서 폴로니어스는 이렇게 말합니다. "무엇보다도 너 자신에게 진실되거라. 그러면 밤이 낮을 따르듯 남에게도 거짓될 수 없는 법이다."

자신에게 진실하면 다른 사람에게 거짓될 수 없습니다. '진실성'을 삶의 원칙으로 삼는다면 좋지 않은 상황을 이겨낼 자원이 갖춰지고, 밤에 숙면할 수 있으며, 어디를 가든 존중받을 수 있습니다.

한국전쟁 당시 중국은 미국 진지로 쳐들어가 미국인 장군을 포로로 잡았습니다. 미국인 장군은 몇 주 동안 끔찍한 고문과 세뇌, 심문을 당했지요. 하지만 그는 끝까지 굴복하지 않았습니다. 마침내 중국군은 질문에 답하지 않으면 다음 날 아침에 처형하겠다고 그를 협박했습니다. 장군은 처형 전날 밤에 아내에게 편지를 썼고, 마지막에 이렇게 적었습니다. "아들 조니에게 평생 따라야 할 단 하나의 원칙은 바로 '진실성'이라고 전해주시오." 하지만 그는 결과적으로 처형되지 않았고 나중에 미군 기지로 송환되었습니다. 어쨌든 그가 죽음을 확신하고 아들에게 마지막으로 남긴 한마디는 바로 '진실성'이었습다.

진실성은 소크라테스의 말처럼 자신을 제대로 알고 성찰하는 것입니다. 최선을 다해 재고품을 조사하듯 자신의 능력과 재능, 목표를 제대로 파악한다는 뜻입니다.

얼마 전 철학 연구자인 스콧 D. 팔머Scott D. Palmer로부터 다음과 같은 내용의 편지를 받았습니다. "제 멘토인 브랜드 블랜샤드Brand Blanshard에게 행복에 대한 조언을 들었고, 얼마 전에 제가 발행하는 뉴스레터에 실었습니다. 블랜샤드 박사는 그리 잘 알려져 있지 않지만 이 세기의 가장 훌륭한 분 중 한 명입니다. 그분은 작년에 마르쿠스 아우렐리우스Marcus Aurelius와 조셉 어니스트 레넌Joseph Ernest Renan, 존 스튜어트 밀John Stuart Mill, 헨리 시지윅Henry Sidgwick의 전기 《네 명의 이성적인 남자들Four Reasonable Men》를 출간했고, 93세 생일을 맞이하셨습니다. 책 제목처럼 그분은 합리성reasonableness이야말로 다른 모든 덕목으로 이어지는 핵심 덕목이라고 생각하시지요."

브랜드 블랜샤드는 예일대의 스털링 명예교수로 철학을 가르칩니다. 그는 '행복'이라는 주제에 대해 다음과 같이 썼습니다.

1. 행복에 대해 너무 많이 생각하지 않는 것이 중요하다. 자신이 과연 행복한지 계속 묻는 사람은 목적을 놓치기 쉽다. 아리스토텔레스가 생각했던 것처럼 행복은 건강하고 성공적인 활동의 부산물이기 때문이다.

《행복의 정복The Conquest of Happiness》을 쓴 버트런드 러셀Bertrand Russell은 일반적으로 과학자들이 예술가들보다 더 행복한데, 과학자들은 자신의 배꼽이 아니라 자신의 목표에 필요한 과제에 몰두하기 때문이라고 했다. 중요한 것은 가장 잘할 수 있는 일(일반적으로 그런 일은 다른 사람들에게 쓸모 있는 일일 가능성이 크다.)을 찾아 온 힘을 다해 하는 것이다. 그러면 행복은 제 발로 찾아온다. 행복을 직접적으로 찾으려고 하면 마이애미 호텔을 드나드는 불만에 가득 찬 부유한 노부인과 같을 것이다.

2. 내가 가장 중요하게 여기는 윤리 원칙은 세상을 가능한 한 더 나은 곳으로 만들기 위해 행동하라는 것이다. 하지만 나는 그 원칙을 지키지 못했다. 누구도 그러지 못했다. (저는 이 부분에 대해서만은 블랜샤드 박사의 견해에 동의하지 않습니다. 그는 세상을 더 나은 곳으로 만들었고, 다른 많은 사람들도 그렇게 했습니다.) 그 원칙을 실천하려면 자신의 행동이 가져올 결과를 끊임없이 예측하고, 효과적인 행동을 선택하며, 충동적인 행동을 억제해야만 한다. 물론 즉흥적으로 행동하는 것이 행복의 조건

이라고 말하는 사람도 많다. '통제할 수 있다는 전제하에' 즉흥성도 꼭 필요하고 강할수록 좋다는 데는 나도 동의한다. 하지만 맹목적으로 충동에 따름으로써 행복 자체를 추구한다면 그 끝은 히피, 마약, 시궁창일 가능성이 높다.

블랜샤드 교수는 또 이렇게 적었습니다. "내가 지금까지 얻은 가장 중요한 교훈은 합리성이 꼭 필요하다는 것이다. 후회할 일이 적고, 공동체에 크게 기여하며, 가장 신뢰받는 사람은 일관적으로 그리고 원칙적으로 합리적인 사람이다. 비현실적이고 지루한 지식인을 말하는 것이 아니다. 여기에서 내가 말하는 것은 신념과 행동의 문제에서 합리성의 원칙을 따르는 사람이다. 신념과 의사결정은 증거에 따라야 한다."

그는 행복에 대한 에세이를 이렇게 마무리했습니다. "삶의 의미는 하나가 아니다. 세상에 그 어떤 삶도 똑같은 것에 가치를 두지 않는다. 삶의 풍요로움은 얼마나 많은 행복을 얻느냐에 달린 것이 아니라 진정한 나, 즉 내가 가진 고유한 힘을 어떻게 조합할지 발견하고 경험과 성찰을 통해 그 힘을 가장 완전하게 사용하는 인생 진로를 찾는 데 있다."

이보다 더 훌륭한 조언이 있을까요? 스콧 팔머의 말이 맞습니다. 93년을 살아오는 동안 대부분의 시간을 인간이라는 종을 연구하고 가르치고 관찰해온 예일대 철학 명예교수인 브랜드 블랜샤드는 그가 다루는 주제에 대해 정확히 알고 있습니다. 제가 보기에 합리성 reasonableness은 진실성integrity의 다른 말입니다. 어떤 결과로 이어지든 진실에 충실하는 것. 저는 그의 이 말이 특히 마음에 들었습니다. "삶의 풍요로움은 얼마나 많은 행복을 얻느냐에 달린 것이 아니라 진정한 나, 즉 내가 가진 고유한 힘을 어떻게 조합할지 발견하고 경험과 성찰을 통해 그 힘을 가장 완전하게 사용하는 인생 진로를 찾는 데 있다."

당신의 능력은 무엇입니까? 특히 잘할 수 있고, 좋아하며, 다른 사람들에게 훌륭한 서비스를 제공할 무언가가 있을 것입니다. 당신은 '경험과 성찰을 통해 그 힘을 가장 완전하게 사용하는 인생 진로를 찾을' 준비가 되었나요? 그것이 바로 자신에게 진실하다는 뜻입니다. 그것이 바로 진실성이고 합리성입니다.

제가 진행하는 라디오 프로그램의 청취자가 보내온 편지 내용처럼 내면을 정복한 사람이 이루지 못할 일은 거의 없습니다.

자신에게 진실하다는 것은 가진 것을 최대한 활용하는 책임을 진다는 뜻입니다. 우리가 가진 것은 무엇입니까? 충분히 활용하지 않은 두뇌와 능력, 재능, 그리고 시간이 있습니다. 이것들은 개인의 소유물입니다. 우리 각자가 가진 정말 엄청난 양의 부입니다. 그리고 이 부를 얼마나 투자하느냐가 우리의 수익률을 결정합니다.

두뇌, 능력, 재능, 시간. 아무도 빼앗을 수 없는 내 것입니다. 이것들은 어디를 가든 우리와 함께하며 진정한 부를 상징합니다. 대다수는 알아차리지 못하지만 인간을 자율적인 존재로 만들어주는 것이기도 합니다. 대다수의 사람들은 온순하게 명령만 따르는 말이나 코

끼리와 다를 바가 없습니다. 자신이 가진 힘을 전혀 모르고 원하는 목표를 쉽게 이룰 수 있다는 사실도 알지 못합니다. 기적의 생명체로 태어나 무수히 많은 사람이 스스로 만든 작은 감옥에서 살아가고 있습니다. 좋아하는 일을 자유롭게 추구할 능력이 있고, 상상 이상의 수확을 거둘 수 있다는 사실을 모르는 무지의 노예처럼 살아갑니다. 일렬로 줄지어 다니는 애벌레처럼 서로를 따라 할 뿐입니다. 그들이 과연 두뇌와 능력, 재능과 시간이라는 자신의 부를 투자해보았을까요? 자신이 그런 부를 소유했다는 사실조차 알지 못하는데 말입니다.

물질적인 재산과 마찬가지로 이것을 어떻게 사용할지는 전적으로 각자에게 달려 있습니다. 아무런 생각도, 목적도, 의미도 없이 닥치는 대로 탕진해버릴 수도 있습니다. 하지만 목적을 가지고 똑똑하게 투자하면 평생 가족을 부양하고도 남을 만한 엄청난 수익을 올릴 수도 있습니다.

선택은 각자의 몫입니다. 진실성의 개념을 고려해

야 하는 이유도 그 때문입니다. 두뇌, 능력, 재능, 시간은 그 누구도 훔쳐 갈 수 없는 나만의 것입니다. 진실성에는 주어진 시간에 '자기 자신'과 '자신이 가진 것을 최대한 활용하는' 일이 필수적으로 포함됩니다. 간단하지 않은가요? 진실은 항상 단순하고 복잡하지 않습니다.

진정한 부를 제대로 투자하는 순간 당신은 경쟁을 초월합니다. 더 이상 남들과 경쟁하지 않고 스스로 뭔가를 창조하는 위치가 됩니다. 대부분의 사람들이 전혀 모르는 어떤 것을 이해하기 때문입니다. 모든 분야에서 위대한 경력은 이를 바탕으로 만들어진 것입니다.

노트와 펜을 준비하십시오. 가장 조용한 시간에 자신이 가진 것을 최대한 활용하는 방법을 메모해보십시오.

성공과 관련해 반드시 기억해야 할 사실이 하나 있습니다. 성공과 뇌의 크기는 전혀 상관이 없다는 사실입니다. 기록에 따르면 가장 큰 뇌는 어느 바보 멍청이의 뇌였고, 가장 작은 뇌의 주인공은 1921년에 노벨 문학상을 받은 아나톨 프랑스Anatole France였습니다. 어떤 분야든 세계적으로 가장 위대한 사람들 중에는 작은 키에 뚱뚱하고 대머리인 사람도 있었고, 지금도 그러합니다. 키가 크고 마른 사람들도 있습니다. 어떤 이들은 훌륭한 교육을 받았지만, 교육을 거의 또는 아예 받지 못한 이들도 있습니다.

자신의 강점을 활용하는 사람은 위대해질 운명입니다. 하지만 진정으로 성공한 사람들의 공통점은 의식적이든 무의식적이든 원인과 결과의 법칙을 따른다는 것입니다. 그들은 자신에게 진실합니다.

대부분의 사람들은 진실성의 원칙을 말로만 떠들어댈 뿐 진심으로 믿고 실천하지는 않습니다. 거의 모두가 그때그때 편의성에 따라 행동합니다. 정직하게 행동하는 것이 편하면 정직하게 행동하지만, 진실을 전부 드러내지 않거나 약간 가리는 것이 이득일 때는 정직하게 행동하지 않습니다. 그들은 단기적이거나 순간적인 만족을 얻기 위해 살아가는 경향이 있습니다. 성공을 장기적인 프로젝트로 여기지 않습니다. 그들은

'실패하지 않는 부메랑unfailing boomerang'에 대해 알지 못합니다.

공장에서 플라이어를 훔치든 회삿돈 1만 달러를 횡령하든 크기와 상관없이 정직하지 못한 일을 할 때마다 우리는 부메랑을 던지게 됩니다. 아주 사소한 부정함이나 진실 조작도 마찬가지입니다. 부메랑이 어디까지 날아갈지는 어느 누구도 알 수 없고, 얼마나 크거나 작은 원을 그리며 되돌아올지도 시간이 지나야만 알 수 있습니다. 어쨌든 그 부메랑은 절대로 실패하는 법 없이 언제나 완전한 원을 그리며 돌아와 고통스러운 타격을 선사합니다.

정직함, 변함없는 진실성은 좋은 것입니다. 프랑스 혁명기의 정치가인 미라보 백작 오노레 가브리엘 리케티Honoré Gabriel Riqueti는 "만약 정직함이 세상에 존재하지 않았다면 인간은 부자가 될 수 있는 최고의 수단으로 그것을 발명해야만 했을 것이다."라고 말하기도 했습니다.

전적으로 맞는 말입니다. 어떤 상황에서든 당신이 해야 할 일은 이렇게 묻는 것입니다. "이것이 사실인가? 정직한가? 이것이 내가 할 수 있는 최선인가?" 만약 '그렇다.'라는 대답이 나온다면 진행하면 됩니다. 올바른 원인을 실행하니 저절로 좋은 결과가 오리라는 행복한 깨달음과 함께 말입니다.

우리가 제공하는 서비스를 받는 사람들의 마음을 얻는 방법은 딱 하나입니다. 어떤 식으로든 그들을 도와주고 삶의 수준을 올려주면 됩니다. 하지만 우리가 최선을 다하지 않는 것에 만족한다면 오히려 우리 자신에게 불리하게 행동하는 것입니다.

미국의 직장인은 평균적으로 일주일에 약 40시간을 일하고 급여를 받습니다. 일주일에 마음대로 쓸 수 있는 시간이 128시간이나 됩니다. 인류 역사상 이렇게 많은 자유 시간을 가진 적은 없었습니다. 일주일에 128시간, 일하는 데 쓰는 것보다 3배 이상 많은 시간입니다. 이 시간은 얼마나 가치 있을까요? 우리는 느긋하게 휴식을 취하면서 재충전하기 위해 잠도 자야 하고, 여가도 즐겨야 합니다. 하지만 그러기 위해 128시간이나 필요할까요?

우리의 가장 큰 적은 언제나 똑같습니다. 바로 '무지無知'입니다. 가장 큰 무지는 자기가 쏟은 노력보다 훨씬 더 큰 보상을 받을 수 있다는 잘못된 믿음입니다. 언젠가 정확한 계산이 이루어질 것입니다. 우리는 좋든 나쁘든 매일 부메랑을 던지고 있습니다. 저지른 잘못보다 벌이 더 커 보이듯이 보상도 우리의 정직한 노력에 비해 지나치게 큽니다.

자, 그럼 정리해봅시다. 진실성이란 무엇인가요?

무엇을 하든 최선을 다한다는 뜻입니다.

자신과 접촉하는 모든 사람에게 진실하다는 뜻입니다. 진실성은 휴식 시간에 의미와 편안함을 줍니다. 정당하게 얻은 휴식이기 때문입니다.

진실성이 있으면 훌륭한 사람이 될 수 있으므로 자

연스럽게 목표를 향해 나아갑니다. 당연하게도 주목을 받을 수밖에 없습니다. 진실성을 갖춘 사람은 언제 어디에서나 필요한 인재입니다.

진실성은 열린 마음으로 언제나 진실을 추구한다는 뜻입니다. 타인의 말을 따져보고, 진실 여부를 확인하며, 스스로 판단하려는 의지를 뜻합니다.

진실성은 모든 일에는 더 나은 방법이 있고, 더 좋은 방법을 찾을 수 있다는 사실을 아는 것입니다. 자신이 하는 모든 일에서 더 나은 방법을 찾는 것입니다.

진실성은 책을 읽지 않는 사람은 글자를 아예 모르는 사람보다 나을 바 없음을 아는 것입니다. 계속 배우고 성장하지 않는 사람은 읽을 수 없는 사람보다 나을 바 없음을 깨닫는 것입니다.

살아가는 내내 풍성한 수확을 거두고 싶다면 매일 하루를 진실성과 함께 나아가야 합니다.

진실성은 인간이 경험할 수 있는 가장 큰 기쁨은 성취의 기쁨이라는 것을 깨닫는 것입니다.

인생은 씨앗이 뿌려지기를 기다리는 비옥한 땅이라는 사실을 기억하십시오. 그 땅은 뿌린 대로만 돌려줄 수 있습니다. 당신은 무엇을 뿌릴 수 있을까요? 당신은 이미 엄청난 부를 가지고 있습니다. 두뇌가 있으니 생각할 수 있습니다. 여러 가지 능력도 있습니다. 아직 깨닫지 못한 재능이 있을지도 모릅니다. 단 1초도 저장하거나 멈추거나 붙잡을 수 없는 시간도 있습니다. 이런 부를 최대한 활용하십시오. 절대 늦지 않았습니다.

진리를 길잡이로 삼고 진실성의 깃발을 흔들면 땅은 당신과 당신의 가족들에게 풍요로운 수확으로 돌아와 기쁨을 선사할 것입니다.

우울하거나 혼란스러운 날에는 작가 딘 브릭스Dean Briggs의 말을 기억하십시오. "나의 일을 하라. 후하게 베푼다는 생각으로 할 일보다 아주 조금만 더 하라. 그 '아주 조금만 더'가 나머지 모든 것보다 더 가치가 있다. 분명히 고통스럽고 의심스럽기도 하겠지만, 해야 할 나의 일을 하라. 일에 진심을 담는다면 어둠이 걷힐 것이다. 의심과 고통에서 삶의 가장 큰 기쁨이 태어날 것이다."

CHAPTER 7

성공이 더 쉽다

It's Easier to Win

사람들이 원하는 삶을 살도록 동기를 부여하는 요인에 대해 많은 연구가 이루어졌습니다. 이 책에서도 충분히 보여주었듯이 자연재해나 전쟁처럼 신이나 정부의 개입으로 영원히 혹은 일시적으로 상황이 바뀔 수 있는 경우만 제외하고, 인생은 철저하게 본인의 책임입니다. 예를 들어 제 친구들 중 상당수는 20대와 30대에 제2차 세계대전으로 목숨을 잃었습니다. 부상이나 심각한 질병으로 인생이 영원히 바뀌어버린 이도 있습니다.

하지만 우리는 대부분 만물의 자연스러운 상태로 충분히 건강하며 앞으로 살아갈 날도 많습니다. 믿기지 않을지 모르지만 그것이 오히려 핸디캡으로 작용할 수도 있습니다. 우리는 신체적 장애가 있는 사람들을 통해 목표를 세우고 달성할 때까지 포기하지 않는 의지만 있으면 무한한 가능성이라는 선택권이 있다는 사실을 배웁니다. 종종 육체가 건강한 사람들이 오히려 쉬운 길을 선택하는 경우가 있습니다.

빌 비크Bill Veeck는 시카고 화이트삭스Chicago White Sox의 구단주였을 때 이렇게 말했습니다. "나는 타고난 운동선수를 원하지 않는다. 강한 사람을 따라잡을 이를 원한다." 강한 사람을 따라잡으려고 노력하는 이들이야말로 위대함을 성취하는 사람입니다. 마지막까지 최선을 다하며 목표를 성취하려는 동기부여가 되어 있습니다. (역시 동기부여라는 말이 빠질 수 없습니다.)

이제 인생의 몇 가지 사실들을 살펴봅시다. 약 5%의 사람들만이 인생에서 특별한 성공을 거둡니다. 이들은 남들보다 더 많은 수입을 올립니다. 남들보다 더 비싼 동네에서, 더 큰 집에 살며, 더 좋은 교육을 받고, 인생에서 좋은 것들을 더 많이 누립니다.

모든 규칙에는 예외가 있기 마련이고, 이 5% 그룹에

도 많은 예외가 있습니다. 제가 아는 어떤 사람은 모두가 알 만한 큰 기업의 대표인데, 10개 단어조차 매끄러운 순서로 조합해 문장을 만들기 어려워합니다. 만약 언어를 죽이는 것이 범죄라면 그는 사형선고를 받았을 것입니다. 하지만 그에게는 엄연히 커다란 집과 요트, 개인 전용기 같은 노력의 결과물이 있습니다.

초등학교 6학년 정도의 교육밖에 받지 못했고, 더 나은 교육을 받으려는 의지도 없는 사람이 이토록 눈부신 경제적 성공을 거둔 이유는 무엇일까요? 답: 그는 사람들에게 서비스를 제공하는 방법을 알고 있었기 때문입니다. 그의 기업은 매일 수백만 명의 사람들에게 서비스를 제공합니다. 그는 자신이 이끄는 훌륭한 조직을 만들기 위해 평생 열심히 노력했고, 그 일을 훌륭하게 해냈습니다. 덕분에 300만 달러짜리 요트를 현금으로 살 수 있었습니다. 급하게 갈 데가 있으면 운전기사가 공항으로 데려다주고, 공항에서는 대기 중인 전세기 걸프스트림3에 탑승하면 됩니다.

상위 5%에 속하는 대부분의 사람들은 앞서 설명한

내용에 해당합니다. 그들 중 상당수는 억만장자 친구의 기준으로는 부자가 아니지만, 미국 소득의 상위 5%에 속하는 소득을 올리고 있습니다. 그들은 평생 안정적인 삶을 최대한 즐기면서 살아갑니다. 그들은 평범한 사람들보다 골프나 테니스를 더 잘 치고, 자신의 라이프스타일에 매우 만족합니다.

이 수치에 따르면 미국에서 태어난 아이가 상위 5% 안에 들지 않을 확률은 95%입니다. 대부분의 아이들과 마찬가지로 그 아이도 곧 자신의 환경을 당연하게 여길 것입니다. 예를 들어 남자아이가 있다고 가정해봅시다. 그는 자신의 환경과 세계를, 그의 환경이 바로 그의 세계인 것을 그대로 받아들이며 자랍니다. 생각할 필요도 없이 환경은 자연스럽게 그의 일부가 됩니다. 그가 속한 환경의 모든 것이 조건화 요인conditioning factor입니다. 부모와 친척, 이웃이 사용하는 말투가 그의 말투가 됩니다. 학교에서 배우는 것은 그의 말투에 거의 영향을 끼치지 않을 것입니다. 엄연히 정규교육을 받았는데도 "Where's it at?(어디 있어?)"과 같은 문법에 어긋나는 말투를 쓰는 성인 남녀가 많은 이유도 그 때문입니다. 학교에서 잘못된 말투를 배운 것이 아니라 주위 사람들이 습관적으로 사용하는 말투를 학습한 것입니다. (제가 아는 변호사는 아직도 "Where's it at?"이라는 표현을 사용합니다.)*

 말하는 습관은 그 사람이 자라온 환경을 단번에 드러내주는 단서입니다. 제가 비교적 점잖은 말투를 사용하는 이유는 어렸을 때부터 작가가 꿈이었고, 언어에 관심이 많았기 때문입니다. 언어는 작가라는 직업의 필수 도구이고, 훌륭한 작가는 그 도구를 잘 갖추고 자주 기름칠하여 빛나게 합니다. 우리 가족 중에서 언어에 관심이 있는 사람은 저뿐이었습니다. 나머지는 관심사가 달랐고, 교육에 별다른 흥미가 없었습니다.

 통계가 반대로 나온다면 정말 멋질 것입니다. 만약 특별한 성공을 거두는 이들이 전체의 5%가 아닌 95%라면 아이가 올바른 집단에 의해 자랄 확률은 95%가

---

* 흔히 문법적으로 잘못 사용하는 표현으로, 정확한 표현은 "Where is it?"이다. —옮긴이

될 테니까요. 하지만 현실은 그렇지 않습니다. 일반적으로 아이는 주변 환경을 그대로 흡수하며 자랍니다. 주변 사람들이 생각하는 대로 생각하고, 그 삶을 당연하게 여기며 살아갑니다. 그가 사랑하는 모든 사람이 그 그룹에 속합니다. 그것은 그의 그룹이기도 합니다. 만약 언제가 되었든 특별한 동기부여를 발견하지 못한다면, 그는 그 그룹의 사람들과 별반 다르지 않은 사람이 될 것입니다. 그것이 지극히 자연스러운 일이기 때문입니다. 좋은 동네의 좋은 집, 안정적인 직업, 안정된 고소득, 현명한 아내와 사랑스러운 아이들, 주변 사람들의 이런 목표가 그의 목표가 되겠지요. (물론 목표 없는 모습을 똑같이 닮을 수도 있습니다.)

그는 평생 최소한의 노력만 들이며 살아갑니다. 스포츠 경기에서 뛰거나 관심 있는 이성과 첫 데이트를 준비할 때를 제외하고는 삶을 대하는 자세를 저속에서 고속기어로 바꾸는 일은 절대 없을 것입니다. 사실 미국에서는 그렇게 열심히 살 필요가 없습니다. 이 나라는 매우 부유하고, 활기가 넘치며, 해마다 호황이 계속되므로, 평균적인 요구사항을 충족하기 위해 2단이나

3단 기어로 바꿀 필요가 없습니다. 전 세계 대부분의 사람들도 마찬가지입니다. 본인이 스스로 원하지 않는다면 굳이 그럴 필요가 없습니다.

그의 아내는 자녀들이 어리지만 가장 열심히 일하는 사회 구성원입니다. 하루 8시간 근무나 주 5일 근무는 그녀에게 해당되지 않습니다. 그녀는 하루 16시간, 주 7일을 일합니다. 최근의 설문조사에 따르면, 아이를 둔 주부들은 만약 과거로 돌아간다면 똑같은 삶을 선택하지 않겠다고 답했습니다. 여성의 50% 이상은 고정적인 급여를 받는 직장도 가지고 있습니다. 그녀는 상위 5%에 대해 알지 못합니다.

아무도 이 젊은 남녀에게 말해주지 않았습니다. 부모든 선생님이든 이렇게 말해주어야 했습니다. "우리 사회에는 매우 다른 두 그룹의 사람들이 있단다. 두 그룹은 사회경제적 지위를 나타내는 피라미드에서 서로 다른 칸을 차지하지." 그다음에는 피라미드를 그리면서 설명을 이어갔어야 했습니다. "피라미드의 맨 위 칸은 상위 5%가 차지한단다." 피라미드에 선을 그어 상위

5%를 표시합니다. "여기는 위대한 중산층이 있어. 중산층은 크게 두 그룹으로 나뉘지. (피라미드에 또 선을 그린 후) 상위 중산층과 하위 중산층이야. 미국은 세계에서 중산층 규모가 가장 큰 나라야. 그리고 피라미드의 맨 아래층은 수많은 이유로 우리 모두의 도움이 필요한 사람들이 있어. 그들은 삶에 잘 대처하지 못하고 어려움을 겪고 있어. 나이 들거나 병들어서 혼자 힘으로 살아갈 수 없지. 이 나라의 기능적 문맹*은 약 2,500만 명에 이른단다." 이런 식으로 말해주어야 했습니다.

그러면 이 젊은이들은 그들에게 주어진 선택권을 명확하게 볼 수 있을 것입니다. 신과 건국의 아버지들에게 감사하게도 그들에게는 선택의 자유가 있다는 것을 분명히 알게 될 것입니다. 그들은 사실상 피라미드의 어떤 칸에든 들어갈 수 있습니다. 선택하기만 하면 됩니다.

---

* 읽을 줄은 알지만 문해력이 떨어지거나 실생활에서 활용하지는 못하는 경우를 말한다. —옮긴이

이 책은 부와 성공을 꿈꾸는 이들을 위한 책으로, 그것을 이루기 위해 알아야 할 많은 것들을 담고 있습니다. 부와 성공을 이루는 것은 하나의 목표이지만, 모든 목적지가 그러하듯 그곳에 다다르는 방법은 무수히 많다는 사실을 기억하는 것이 좋습니다. 올바른 방향으로 나아간다면 어떤 길이든, 어떤 직업이든 괜찮습니다. 쓰레기를 운반하는 일로도 부와 성공을 이룰 수 있고, 실제로 그렇게 된 사람들도 있습니다. 이는 지역사회에 매우 중요한 서비스입니다. 하지만 어떤 일이든 임하는 자세가 중요합니다.

앞에서 예로 든 젊은 남성과 그의 아내는 자라온 환경, 즉 그들의 조건만으로 보면 통계 수치에서 '평균의 미국인'에 해당합니다. 하지만 사실 그들은 평범한 사람들이 아닙니다. 올바른 동기만 부여된다면 아주 특별한 일을 해내는 아주 특별한 사람이 될 수 있습니다. 만약 그들이 이 책에서 다루는 내용을 접한다면 지역사회에 훨씬 더 좋은 서비스를 제공할 수 있고, 그 결과로 훨씬 더 풍성한 수확을 거둘 수 있습니다.

그들이 브랜드 블랜샤드의 행복에 대한 조언을 접할 확률은 얼마나 될까요? 행복이 무엇인지, 행복이 어디에서 오는지 알고 있을까요? 둘 중 한 명이라도 진정으로 자신의 잠재력을 탐구해본 적이 있을까요?

당신의 유전적 특징에 따른 특기는 무엇인가요? 당신이 가장 하고 싶은 일은 무엇인가요? 무엇에서 가장 큰 기쁨을 느끼나요? 살아가는 동안 당신에게 주어지는 보상은 당신의 기여도, 즉 당신이 다른 사람들에게 제공하는 서비스에 따라 결정된다는 것을 알고 있나요? 누구는 일주일에 2만 달러를 벌고 누구는 최저임금밖에 못 버는 이유를 알고 있나요? 코미디언 빌 코스비Bill Cosby는 1986년에 1,200만 달러를 벌었습니다. 그가 사람들에게 제공하는 서비스 덕분이었습니다. LA의 투자 은행가는 1년에 약 4,000만 달러를 벌고 있습니다. 개인이 벌어들일 수 있는 수입에는 제한이 없다는 것을 알고 있나요?

젊은이들에게 해주고 싶은 말이 있습니다. 어떤 사람들은 제가 젊은이들의 불만을 부추긴다고 말하지만,

저는 불만이야말로 가장 큰 동기부여가 된다고 대답하고 싶습니다. 수돗물과 실내 화장실부터 슈퍼마켓에 이르기까지 인류가 누리는 모든 혜택은 불만이 원동력이었습니다. 어느 정도의 불만은 오히려 유익합니다. 특히 자신에 대한 불만이라면 더욱 그렇습니다.

환경의 영향력은 헤아릴 수 없을 정도로 강력합니다. 10대 청소년들의 가장 강력한 욕구는 또래 집단의 호감을 얻는 것입니다. 또래 집단의 수용과 존중은 그들의 가장 큰 갈망입니다. 그래서 그들은 다른 아이들과 똑같이 행동하고, 다른 아이들도 그들의 행동을 똑같이 따라 합니다. 결국은 모두의 행동이 똑같아지는 것이죠. 옷도 비슷하게 입고, 말도 비슷하게 하고, 재미없어도 남들이 웃으면 웃습니다.

중요한 그 시기에 아이들은 '리더가 아닌 팔로워를 따르는' 게임을 시작하게 됩니다. (물론 리더를 따르는 것은 문제가 없습니다). 이 젊고 훌륭한 인재들은 매일, 매주, 매월, 매년 서로에게 순응하며 살아갑니다. 그들은 "내가 따르는 사람들이 과연 나를 이끌어줄 자격이 있는 사람들인가?" 하고 묻지 않습니다. 그들에게 중요한 것은 그룹에 속하는 소속감입니다.

이것이 바로 청소년은 물론 우리가 모두 빠지는 미묘한 덫입니다. 덫에서 빠져나오지 못하면 언젠가는 덫에 걸린 채로 최후를 맞이하게 됩니다. 수백만, 아니 수십억 명이 실제로 그런 운명을 맞이합니다. 그 덫에서 벗어나지 못하는 성인이 얼마나 많은지 놀라울 정도입니다. 50대, 60대가 되어서까지 자신과 어울리지 않는 그룹에서 그들과 일원이 되려고 발버둥칩니다.

아서 밀러Arthur Miller의 유명한 희곡 〈세일즈맨의 죽음〉에서 주인공 윌리 로먼Willy Loman이 한 말을 기억하십니까? "중요한 건 다른 사람들 마음에 드는 거야." 윌리 로먼은 어른이 되지 못했습니다. 자신이 누구인지 알지 못했습니다. 그의 이야기는 현대의 비극입니다. 대중의 이야기는 언제나 비극이었습니다.

정체성이 명확히 확립되지 않은 사람은 더 큰 그룹에서 자신의 정체성을 찾으려고 합니다. 이런저런 그룹에 합류하는 사람들이 많은 이유도 그 때문입니다. 자신이 누구인지 말해주는 배지, 이름표가 주어지니까요. 확실한 이름표가 생기는 것이죠. 성공한 사람들은 그룹에 속하지 않는다는 말이 아닙니다. 물론 그들도 속한 그룹이 있으며 그 그룹에 큰 기여를 합니다. 하지만 그들은 자신의 정체성을 위해 조직이 필요하지 않습니다. 그들은 자신이 어떤 사람인지 잘 알고 있습니다. 그런 이들은 조직에 속하지 않아도 독립적으로 일하며 성공을 거둡니다. 절대로 길을 잃었다고 느끼지 않습니다.

성공한 사람들은 독자적인 길을 걷습니다. 이 사실을 꼭 기억해야 합니다. 인생의 어느 시점에서 그들은 군중에서 벗어나 자신만의 길을 걸어가기 시작합니다. 그것이 어른이고 인간의 지적인 과제입니다. 하지만 독자적인 길을 걷는다고 그들이 꼭 혼자인 것은 아닙니다. 자신과 비슷한 생각을 가진 훨씬 적은 수의 사람들과 함께할 뿐입니다. 상위 5% 그룹에 모두가 들어갈 수는 없으니 작을 수밖에요.

고대 로마인에게는 서커스가 있었고, 현대인에게는 TV가 있습니다. TV는 고대 서커스보다 훨씬 재미있고, 밖으로 나가지 않고도 편히 집 안에서 즐길 수 있습니다. 솔직히 TV에는 끝도 없이 흥미로운 것들이 많고, 관심 있는 프로그램만 선택하는 절충적인 접근법도 가능합니다. 그러다 보니 수백만 가정이 하루 종일 TV를 켜놓고 넋을 놓고 바라봅니다. 그 시간에 할 수 있는 다른 게 없을까 고민하는 사람이라면 '성공은 생각보다 훨씬 쉽다.'라는 사실을 깨달을 것입니다.

지금도 절대 늦지 않았습니다. 목적이 있고, 가치 있는 목표가 있으며, 더 성장하고 싶다는 동기가 있다면 앞으로 몇 년 동안 평생 이룬 것보다 훨씬 많은 것을 이룰 수 있습니다.

CHAPTER 8

당신의 가치는 얼마인가

How Much Are You Worth?

작가라면 대부분 그럴 테지만, 10년 전에 쓴 글을 지금 읽어보면 '더 잘 쓸 수 있었을 텐데.' 하는 아쉬움이 있습니다. 10년 전에는 보지 못했던 가능성을 지금은 비교적 쉽게 알아차리는 것입니다. 제가 작가로서 성장해 10년 전보다 훨씬 더 나은 작가가 되었다는 뜻이겠지요. 지금의 저는 가치가 더 높아졌습니다. 만약 그동안 해온 대로 앞으로도 계속한다면, 10년 후에 제 능력과 가치는 훨씬 더 성장해 있을 것입니다.

원자 시대 이전에 화학 교수들은 엄밀한 화학적 관점에서 개인의 시장 가치는 약 32달러(약 4만 원)라고 했습니다. 그런데 최근 이러한 견해에 놀라운 변화가 생겼습니다. 이제 과학자들은 인체의 수소 원자에 든 전자 에너지를 활용하면 넓고 고도로 산업화된 국가에 필요한 전기를 거의 일주일 치 공급할 수 있다고 말합니다.

화학 대기업 듀폰Du Pont의 과학자에 따르면, 우리 몸의 원자에는 1파운드(약 0.5킬로그램)당 1,100만 킬로와트시kilowatt-hour*가 넘는 잠재적 에너지를 가지고 있습니다. 이 계산대로라면 개인의 가치는 평균 약 850억 달러(약 120조 원)에 이릅니다.

게다가 우리 몸의 원자 속 전자들은 단지 물질의 입자가 아니라 살아 있는 에너지의 파동입니다. 이 파동은 빛의 패턴으로 퍼져나가고 움직일 때 노래도 합니다. 만약 성능 좋은 보청기가 있다면 원자들의 파동이 합쳐지는 거대한 흐름을 들을 수 있을 것입니다. 이것들은 노래할 뿐만 아니라 빛도 발산합니다. 만약 우리가 완전히 어두운 방에서 적외선 TV 카메라 앞에 서 있으면 화면에는 머리끝부터 발끝까지 빛이 뿜어져 나

---

* 1킬로와트시는 1킬로와트의 전력을 한 시간 동안 사용하는 데 필요한 에너지양. ―옮긴이

오는 반짝이는 형태로 보일 것입니다.

간단히 말해서 당신은 단순히 눈으로 보이는 것을 훨씬 초월하는 존재입니다. 뇌를 기계적으로 재현하기 위해 수십억 달러의 비용이 든다는 사실까지 고려한다면 자신이 어떤 존재인지 감이 잡히기 시작할 것입니다. 당신은 무한한 가치를 지닌 놀라운 생명체일 뿐만 아니라 태곳적부터 지금까지 지구상에 존재했거나 앞으로 존재할 그 어떤 인간과도 다릅니다. 당신은 세상에 단 하나뿐인 고유한 존재입니다.

당신은 이렇게 가치 있는 물건을 얼마에 팔겠습니까? 모든 인간은 값어치를 매길 수 없을 만큼 소중한 존재입니다. 하지만 각자가 인생에서 받는 유무형의 보상은 천차만별입니다. 제가 이 메시지를 전하는 이유는 당신이 지금 당장 사회와 시장에서 자신의 가치를, 그리고 5년 후 당신의 가치를 결정하도록 돕기 위해서입니다.

직장에서 누구에게 급여를 받든 상관없이 모든 사람

은 자신의 삶을 스스로 꾸려가고 있다는 점에서 1인 사업을 하고 있습니다. 스스로를 기업이라고 생각하십시오. 당신은 그 기업의 대표이고, 기업의 성공과 실패에 대한 책임이 있습니다. 당신과 당신의 가족은 회사의 주주이고, 당신은 앞으로 주가를 높여야 할 책임이 있습니다. 가족들이 당신에게 믿음을 보여주었고, 그 믿음이 옳았다는 것을 보여주는 것도 당신의 책임입니다. 이것은 고용된 모든 가족 구성원의 일입니다.

기업 경영은 무수히 많고 복잡한 요소가 있지만 ①재무 ②생산 ③판매 ④연구의 네 가지 기본적인 기능으로 이루어집니다. 적절한 자금 조달이 없으면 생산이 불가능합니다. 생산이 이루어지지 않으면 판매할 것이 없습니다. 판매가 없으면 생산도 완전히 중단될 것입니다. 그리고 연구가 없으면 기업은 빠르게 변화하는 시대를 앞서가거나 따라갈 수 없습니다. 네 가지 기능 중에서 하나라도 소홀히 하면 기업은 불완전해지고 제 기능을 다하지 못합니다. 각 기능에 오랫동안 소홀히 하면 결국 기업은 문을 닫는 길밖에 없습니다.

재무(돈에 관련된 부분)에 관해서는 다른 장에서 살펴보기로 하고 지금은 연구, 생산, 판매에 집중해보겠습니다. 이것들은 기업의 머리, 손, 다리와 같습니다. 머리는 연구를, 손은 생산을, 다리는 판매를 담당한다고 할 수 있습니다. 한때 세계적으로 잘 나갔지만, 이제는 업계에서 완전히 사라지고 기억 속에만 희미하게 남은 기업들이 얼마나 많습니까? 네 가지 기능 중 하나라도 제대로 돌아가지 않으면 기업은 큰 충격에 빠져 휘청거리게 됩니다. 사라진 기업들은 네 가지 중요한 기능의 균형을 맞추는 데 실패했던 것입니다.

당신의 1인 기업은 연구 부문이 활발히 가동되고 있습니까? 연구는 현재와 미래, 두 가지 영역을 개선하기 위해 존재한다고 할 수 있습니다. 기업의 연구는 현재의 제품과 서비스, 현재의 생산과 판매를 개선하는 방법과 수단에 집중되어야 합니다. 그리고 미래의 연구는 새로운 제품과 서비스, 새로운 생산 방식과 마케팅 기법을 개발하는 방법이나 수단과 관련이 있습니다. 다만 연구가 진행되는 동안 판매가 보장되는 수준만큼 계속 생산이 이루어져야 합니다.

강조하건대 당신의 기업은 현재와 미래라는 두 가지 요소를 고려해야 합니다. 그 도전 과제를 얼마나 잘 해내느냐에 따라 현재의 수익과 미래의 성장이 결정됩니다.

　현재 주목받는 기업을 포함해 모든 기업이 '성장'에 관심을 보이는 이유는 무엇일까요? 인간은 물론 기업에도 똑같이 작용하는 법칙 때문입니다. 세상에는 정지해 있는 것이 없습니다. 우주 전체를 통틀어 움직이지 않는 것은 하나도 없습니다. 물리 법칙에 따르면 "움직이는 물체는 외부의 힘이 작용하기 전까지는 운동 상태를 유지하는 경향이 있다."라고 했습니다. 성장하는 기업은 계속 성장하는 경향이 있습니다. (다시 말하면 일을 제대로 하고 있다는 뜻입니다.) 반대로 지금보다 뒤처지거나 작아지는 기업은 외부의 힘이 작용하기 전까지 계속 뒤처지거나 작아집니다.

　책임감 있는 임원들은 기업이 성장하지 않는 것이 죽음의 최초 징후라는 사실을 알고 있습니다. 우리는 모두 1인 기업의 대표이므로 자신의 기업에도 똑같은 법칙이 적용된다는 것을 알아야 합니다.

10~30년 후 자신의 모습을 상상해보십시오. 그전에 명심해야 할 것이 있습니다. 불과 10년 전만 해도 누군가가 오늘날과 같은 세상에 살 게 될 것이라고 예측했다면 조롱을 받았을 것입니다. 기본적인 산업 기술부터 지금 우리가 당연하게 여기는 사치품과 신제품, 현재의 소득 평균까지 말입니다. 지금 우리는 인간의 지식 확장이 역동적인 것을 넘어 폭발적인 단계에 이르렀습니다. 어떤 예측이든 매우 보수적인 쪽에 훨씬 더 가까울 가능성이 큽니다. 하지만 전문가들의 의견을 살펴보겠습니다.

최근의 많은 연구에 따르면, 향후 10년은 기업과 개인에게 무한한 보상을 제공할 것입니다. 앞으로 10년 후에 고도로 산업화된 국가들은 필수품 이외의 제품과 서비스에 많은 비용을 지출할 것입니다. 필수품에는 의류, 주거, 교통, 의료 서비스가 포함됩니다. 필수품이 아닌 것들이 지출의 대부분을 차지한다고 상상해보십시오. 인류 역사를 통틀어 최초가 될 것입니다.

다음 세대의 소비자 시장은 50% 이상 확장될 것으로 예측됩니다. 매출 규모가 무려 수천억 달러로 치솟을 것이고, 앞으로 30년 후에는 지금 서 있는 건물에 새로운 건물이 지어질 것입니다.

우리 경제의 미래인 연구개발은 어떨까요? 지난 150년 동안 지출된 금액보다 오늘날 더 많은 돈이 단 한 해 동안 연구개발에 지출되고 있습니다.

한번 생각해보십시오. 이 모든 것이 당신이나 당신의 1인 기업에 무엇을 의미할까요? 현재와 미래를 고려해서 움직인다면 당신의 미래는 무한하다는 의미입니다. 인류 역사를 통틀어 당신만큼 밝은 미래를 앞둔 사람은 없었습니다.

사람들은 훨씬 더 똑똑해지고 있습니다. 지난 30년 동안 교육은 눈부신 발전을 이루었습니다. 앞으로 30년 동안은 더더욱 놀라운 변화가 기다리고 있을 것입니다. 소비자들은 매일 더 똑똑해지고 있습니다. 소비자의 욕구를 충족하고 제품을 판매하려면 우리도 매일 더 똑똑해져야만 합니다.

앞으로 10년 후에 시장의 가장 큰 특징은 획일성이 아닌 '다양성'이 될 것입니다. 또한 필요성이 아닌 '취향'에 의해 지배될 것입니다. 소비자의 선택은 양뿐만 아니라 '질'도 크게 올라갈 것입니다.

인생에서 더 나은 것에 대한 욕구가 늘어나고 있음을 말해주는 징후가 있습니다. 현재 수많은 성인은 근무 시간 이후의 자기계발에 관심이 있으며, 이 숫자는 매년 수백만 명씩 증가하고 있습니다. 이런 것들은 지금 우리 주변에서 일어나는 일이나 미래의 삶을 일부 보여줄 뿐입니다.

이제 우리는 사장이자 경영자로서 자신의 기업을 위해 무엇을 할지 결정할 수 있습니다. 기업과 함께 성장할 수도 있고 퇴보할 수도 있습니다. 가만히 멈춰 있고 싶어도 불가능합니다. 그렇다면 한걸음 뒤로 물러서서 현명한 제삼자처럼 당신의 삶과 미래를 객관적으로 바라보아야 합니다.

자신에게 물어보세요. "지금 이 순간 기업으로서 나의 가치는 얼마인가? 현재 나와 내 가족, 내 기업에 대한 나의 가치는 얼마인가? 만약 내가 투자자라면 이 기업에 투자하겠는가?"

1년에 10%의 성장률을 보이는 기업은 약 8년 후에 규모가 2배로 커질 것입니다. 당신은 기업의 생산 부문에 어떤 관심을 쏟고 있습니까? 개인으로서 1년에 적어도 10%씩 성장할 수 있습니까? 물론 가능합니다. 전문가들의 계산에 따르면, 사람은 30일 내에 50~100% 이상으로 효율성을 높일 수 있습니다.

저는 같은 사람이라곤 믿을 수 없을 정도로 성장한 사람들이 보내온 사연을 수없이 접했습니다. 효율성을 몇 배로 올린 경영과 생산 부문 담당자들, 유급 직전의 점수를 전 과목 A로 끌어올리고 우등생이 된 학생들, 마음과 능력, 시간을 올바로 관리한 덕분에 한 달 매출이 1년 매출보다 많아진 세일즈맨들까지. 이는 한 인간으로서의 효율성이 12배나 커졌다는 뜻입니다. 원인과 결과의 법칙에 적용해보면 12배 많은 서비스를 제공하면 반드시 12배 많은 보상을 받게 된다는 뜻입니다. 무려 12배나 성장했다는 것입니다.

기억하십시오. 2배 더 많은 서비스를 제공하면 반드시 2배 더 많은 보상을 받게 됩니다. 그리고 세상의 어떤 것도 그 법칙을 막을 수 없습니다. 효율성이 3배 커지면 결과도 역시 3배 커집니다. 이제 당신은 이러한 사실을 알고 있습니다. 모든 사람이 이 사실을 알아야 합니다. 하지만 95%의 사람들은 이 사실을 모른다는 것을 기억하십시오. 그것이 우리에게 주는 이점을 생각해보십시오. 그 사실을 모르는 사람들을 이용하라는 뜻이 아닙니다. "아는 것이 힘이다."라는 말이 진리임을 확인하라는 의미입니다.

학교를 졸업하자마자 배움 자체를 중단하는 사람들이 많습니다. 회사 매뉴얼이나 기타 서류를 제외하고 알맹이가 있는 독서를 하는 사람은 극소수에 불과합니다. 하지만 학교 교육 과정은 지극히 일부만 다룰 뿐입니다. 세상에는 배울 것이 너무나 많습니다. 그중에서 제가 생각하기에 가장 중요한 과목은 '인간관계'입니다. 우리는 오직 다른 사람들을 통해서만 무언가를 이루고 성공할 수 있는데, 이 과목은 학교에서 가르쳐주지 않습니다. 이 책에서 제가 말한 훌륭한 생각에 대해서도 가정이나 학교에서 알려주지 않습니다.

앎은 삶에 큰 힘이 됩니다. 지식은 얼굴에 나타나고 말하는 방식에서도 분명히 드러납니다. 지식은 우리가 아이들을 키우고, 이웃이나 직장 동료들과 잘 지낼 수 있도록 도와줍니다. 무엇보다도 지식은 세상에서 가장 강력한 동기를 부여합니다. 배움을 통해 우리는 시야가 넓어지고, 할 일이 많아지며, 그 일을 할 시간이 더 많다는 것을 깨닫습니다. 65세에 활동을 그만두어야 한다는 낡은 고정관념은 사라지고, 배움과 성장이 계속되는 한 활동을 멈춰야 할 필요가 없으며, 오히려 나이가 들수록 효율성이 커진다는 사실을 깨달을 것입니다.

내일은 완전히 새로운 날입니다. 시간은 모든 사람에게 평등합니다. 어느 누구도 더 많이 갖거나 더 적게 가질 수 없습니다. 당신의 인생에서 효율성을 높이고 생산량을 늘리는 방법을 고민하십시오. 그러면 보상은 자동으로 해결됩니다. 내일부터 다가오는 하루하루는 당신의 인생 이야기를 쓸 수 있는 깨끗하고 새로운 페이지를 제공할 것입니다.

과거는 잊어버리십시오. 이미 지나간 시간입니다. 놓쳐버린 기회에 연연하지 말고, 매일 새로운 하루를 향해 "어떻게 하면 오늘 하루를 가장 잘 쓸 수 있을까?" 자문해보십시오. 알다시피 언젠가 더 이상 새로운 하루를 맞이할 수 없는 순간이 찾아올 것입니다.

매일 생산적인 시간을 한 시간씩 낭비한다면 당신의 회사와 공장이 문 닫는 시간이 1년에 약 250시간 늘어납니다. 문을 닫은 상태에서는 아무것도 벌 수 없습니다. 당신의 한 시간은 얼마입니까? 거기에 250을 곱하면 당신이 1년에 얼마를 버리고 있는지 알 수 있습니다. 유급 휴가도 있지 않느냐고 항의해봤자 소용없습니다. 인생은 절대로 낭비된 시간을 보상해주지 않습니다.

인생의 모든 순간을 즐기는 법을 배우십시오. 지금

그 자리에서 행복하십시오. 내가 아닌 그 무언가가 미래에 나를 행복하게 해줄 때까지 기다리지 마십시오. 저의 좋은 친구이자 페이머스 에이머스 초콜릿 칩 쿠키를 만든 월리 에이머스는 "행복은 내면의 일이다."라고 말했습니다. 직장에서든 가족과 함께 집에서든 당신이 보낼 수 있는 시간이 얼마나 소중한지 생각해보십시오. 모든 순간을 즐기고 음미하십시오.

우리의 삶은 초, 분, 시, 일이 합쳐진 것에 불과합니다. 우리는 시간을 재료 삼아 인생을 짓는 것입니다. 얼마나 크고 어떻게 생긴 집을 지을 것인지는 전적으로 자신에게 달렸습니다.

한 명의 개인은 큰 기업보다 유리합니다. 대규모 다국적 기업이 하루 만에 생산량을 2배로 늘릴 수 있을까요? 물론 불가능합니다. 하루 만에 매출을 2배로 올릴 수 있을까요? 당연히 불가능합니다. 규모가 큰 조직일수록 서로 연결되고 복잡한 경영상의 문제로 초고속 성장이 어렵습니다. 오히려 점진적이고 꾸준히 성장해야 합니다. 하지만 개인은 한 달 안에 효율성을 2배, 3

배 혹은 4배까지도 늘릴 수 있습니다. 정찰병 한 명의 움직임을 대규모 군대의 움직임에 비유하는 것과 마찬가지입니다.

당신은 기업의 네 가지 중요한 기능인 재무, 연구, 생산, 판매를 어떻게 관리해왔습니까? 재무에 얼마나 많은 시간과 노력을 쏟고 있습니까? 연구 부문, 즉 일과 커리어 연구는 어떤가요? 이 분야를 개선할 수 있습니까? 생산은 어떤가요? 업무를 수행하는 방식을 어떻게 하면 크게 개선할 수 있을까요? 그리고 판매는 어떻게 높일 수 있을까요? 판매는 제품이나 서비스를 판매하는 것이 전부가 아닙니다. 만나는 모든 사람들에게 자신을 판매하는 것이 포함되어 있습니다. 여기에는 직장 동료, 배우자, 아이들, 이웃들과 지내는 방식이 포함됩니다.

그리고 우리의 사업이 판매라면 어떻게 매일 더 많은 잠재고객을 만나면서 효율성을 개선할 수 있을까요? 하루에 영업 전화를 한 번만 더 해도 1년이면 250번입니다. 잠재고객과의 접촉이 250회 늘어나면 얼마나 더 많은 판매로 이어질 수 있을까요? 5년이면 1,250번을 더 통화하게 됩니다. 이것이 바로 평균과 평균 이상, 좋은 기업과 위대한 기업의 차이입니다.

삶에 대한 이러한 새롭고 적극적인 태도는 우리의 마음에 평화를, 미래에는 절대적인 안정감을 가져다주며, 인간의 위대함을 확인시켜줍니다. 이런 식으로 우리는 완전한 성숙을 향해 나아갈 수 있습니다. 이런 태도로 삶을 살아간다면 우리는 단 한 순간도 결과를 걱정할 필요가 없습니다. 당장 내일부터 성공하기 시작할 것이고, 앞으로도 계속 풍요를 누릴 것입니다.

CHAPTER 9

머니 토크

Let's Talk About Money

돈에 대해 이야기해봅시다. 기원전 700년경 소아시아에서 최초의 동전이 만들어졌을 때부터 돈은 인간의 관심사였습니다. 없을수록 걱정이 커진다는 점에서 돈은 건강과도 비슷합니다.

이번 장에서는 가장 기본으로 돌아가서 '돈'이라는 주제를 둘러싼 오해를 풀어보고자 합니다. 그러려면 완전히 기초적인 내용들까지 다룰 필요가 있습니다. 대부분은 알고 있는 것들이겠지만, 돈이 정확히 무엇이고 과연 얼마나 있어야 충분하며, 현재는 물론 미래에 우리에게 필요한 돈을 어떻게 벌 수 있는지를 되짚어보는 것이 중요합니다.

우선 돈이 나쁘거나 중요하지 않다는 오래된 고정관

념을 바꿔야 합니다. 돈은 나쁜 것이 아니며 문명사회에서는 중요합니다. 우리는 돈으로 먹을 것을 해결하고, 몸을 감싸줄 옷을 구입하며, 편히 쉴 수 있는 집을 마련합니다. 교육과 병원 진료도 그 서비스를 제공하는 이들에게 돈을 지불해야 받을 수 있습니다. 우리가 제공받는 서비스만큼이나 돈은 중요한 것입니다. 아직까지 돈의 역할을 대신할 수 있는 것은 없습니다. 이에 관해서는 더 이상의 설명은 필요하지 않습니다.

돈이란 무엇일까요? 돈은 우리가 생산한 것의 수확물입니다. 우리는 생산과 서비스를 제공해서 돈을 받고, 그 돈을 이용해 다른 사람들의 생산과 서비스를 이용합니다. 돈을 얼마나 받는지를 통해 우리가 제공하는 생산과 서비스가 어느 정도인지를 가늠하기도 합니다.

"돈이 행복을 가져다주지 않는다."라는 말을 들어보았을 것입니다. 하지만 돈이 없으면 많이 불편해집니다. 따뜻한 집과 아이들을 위한 생일 선물은 돈이 있을 때 더 편하게 마련할 수 있습니다. 여행을 다니는 것도,

사랑하는 사람들을 지키고 도와줄 때도 필요한 수단입니다. 무조건 부를 축적하는 것이 중요하다는 말이 아닙니다. 돈은 누구나 사용할 수 있는 유일한 보상이므로 중요하다는 뜻입니다.

이렇게 생각해보십시오. 다이아몬드는 석탄 덩어리보다 가치 있지만, 사실 다이아몬드도 한때는 탄소 덩어리에 불과했습니다. 석탄 덩어리가 세상에서 가장 값나가는 보석으로 변신하는 것처럼 인간도 자신의 가치를 높일 수 있습니다.

우리가 버는 돈은 항상 우리가 하는 일의 수요, 그 일을 해내는 우리의 능력, 우리를 대체할 사람을 찾기가 얼마나 어려운가에 따라 비례합니다. 숙련된 기술과 뛰어난 능력을 가진 사람은 쉽게 대체되지 않으며, 다른 사람보다 더 금전적 가치가 있습니다. 따라서 대체 불가능한 능력을 갖추는 것이 중요합니다. 그래서 숙련된 기술과 대체 불가능한 능력을 키우는 데는 오랜 시간과 개인의 노력, 상당한 비용이 드는 것입니다.

말과 최고의 호흡을 자랑하는 기수는 1년에 꽤 많은 돈을 벌어들입니다. 그가 타는 경주마가 벌어들이는 상금의 약 10% 정도라고 알고 있습니다. 사실 경주마를 타고 달리는 경마 경기에는 유용한 목적이 없다고 생각할 수 있지만, 경주마의 수요는 분명히 존재합니다. 엔터테인먼트 업계에 종사하는 연예인들도 마찬가지입니다. 그의 수입은 그가 하는 일에 대한 수요를 정확히 반영합니다.

그래서 우리는 매 순간 준비해야 합니다. 행운은 준비가 된 사람이 기회를 만났을 때 찾아옵니다. 준비가 안 된 사람은 아무리 좋은 기회가 찾아와도 알아채지 못합니다. 오히려 자신에겐 기회가 오지 않는다고 환경과 세상만 탓합니다. 모든 사람의 주위에는 기회가 흩뿌려져 있습니다. 다만 기회를 알아차리는 능력은 얼마나 준비가 잘 되어 있느냐에 달려 있습니다.

당신은 어떻습니까? 준비는 기본 중의 기본인데, 시간과 수고를 들여 그 요건을 갖추려는 사람은 놀라울 정도로 많지 않습니다. 자격이 생기기 전까지는 운이 찾아와도 절대 알아채지 못합니다. 멋지고 날씬한 외모를 원하지만 식습관을 바꾸려 하지 않는 사람도 마찬가지입니다.

당신은 얼마나 많은 돈을 원하나요? 당신이 원하는 방식으로 살고, 스스로 정한 목표를 달성하기 위해 얼마나 많은 돈이 필요할까요? 대부분의 사람들은 실제보다 자신이 더 많은 돈을 원한다고 잘못 생각하고 있습니다. 그래서 자격을 갖추기만 하면 얻을 수 있는 것보다 훨씬 더 적은 수준의 소득에 만족하는 경향이 있습니다. 세상은 당신의 기대와 준비가 정확하게 일치하는 만큼의 돈을 내어줍니다. 그보다 절대로 한 푼 더 주지도, 덜 주지도 않습니다.

이런 시 구절이 있습니다. "내 인생을 1페니에 흥정했더니 인생은 그 이상을 주지 않았다." 정말이지 이 문구 그대로입니다. 가만히 앉아서 바라기만 하면 절대로 이루어지지 않습니다. 노력을 통해 정당하게 얻어내야 합니다. 우리가 받는 보상은 항상 우리가 제공하는 서비스에 정확히 비례합니다. 지금의 소득이 마음에 들지 않는다면 서비스를 늘릴 방법과 수단을 찾아야 합니다. 당신의 서비스는 자신에게서, 다시 말해 당신의 마음과 능력, 에너지에서 나와야만 합니다. 약한 사람이라도 특정한 행동을 충분히 오랫동안 실천하면 스스로 강해질 수 있습니다.

현재 받는 돈보다 더 많은 일을 하기를 거부한다면 당연히 더 많은 돈을 벌 수 없습니다. "이 돈을 벌자고 꼭 힘들게 일해야 하나?"라며 하소연하는 사람들이 많습니다. 하지만 이런 태도야말로 사람들의 성장 에너지를 떨어뜨립니다. 더 많은 소득을 벌고 싶다면 개인의 가치를 더 키워야 합니다. 당신이 하는 일에 발전이 없다면 특별한 것을 해내는 사람에게 주어지는 보상과 기쁨, 성취감, 그리고 개인적인 만족과 마음의 평안은 절대 찾아오지 않을 것입니다.

반드시 실행해야 하는 두 가지 단계가 있습니다. 먼저 우리가 정말로 원하는 금액이 얼마인지 정확히 결정해야 합니다. 이 부분이 정해지면 두 번째 단계는 우리가 원하는 만큼의 돈을 자연스럽게 얻을 수 있는 규모로 성장할 때까지 돈에 대해서는 잊고, 지금 하는 일을 더 잘하기 위해 집중하는 것입니다.

자신이 목표한 금액을 벌어들일 수 있는 충분한 자격이 갖춰진다면 머지않아 정말로 그 돈을 벌고 있을 것입니다. 그렇게 새로운 힘과 능력이 갖춰지면, 원하는 만큼의 돈을 버는 것이 절대로 힘들지 않다는 것을 깨닫게 될 것입니다.

자신이 버는 돈의 액수가 자신의 기술, 자신이 하는 일의 수요, 자신을 대체할 사람을 찾는 어려움에 정확히 비례한다고 고려하고 스스로에게 물어보십시오. "나는 얼마나 많은 돈을 벌고 싶은가?"

결정해야 할 금액은 세 가지입니다. ①지금 혹은 가까운 미래에 벌고 싶은 연간 소득 ②저축이나 투자를 위해 원하는 금액 ③현직에서 은퇴할 때 은퇴 소득으로 원하는 금액.

많은 사람들이 이 대목에서 실수를 저지르곤 합니다.

세 가지 금액을 확실하게 정하지 않는 것이지요. 세 가지 금액에 대해 구체적으로 생각해본 뒤 종이에 적어서 가지고 다니거나 눈에 잘 띄는 곳에 두고 자주 들여다보십시오. 이는 미래를 위한 계획, 즉 미래의 재정적 성취를 위한 청사진입니다. 어디로 가고 있는지 분명히 알고 있으므로 진지한 태도로 임하기만 한다면 당신은 틀림없이 거기에 도달할 것입니다.

사람들의 문제는 목표를 달성하지 못하는 것이 아니라 얼마든지 달성할 수 있다는 것입니다. 다만 목표를 설정하지 않는 것이 문제이지요. 미래를 우연에 맡겨놓고 우연에 기대는 방법이 효과적이지 않다는 슬픈 사실을 뒤늦게 깨닫는 것입니다.

단 5%만이 자신이 돈을 얼마나 벌고 싶은지 결정하고, 그 후 자신이 원하는 소득을 얻기 위해 노력하는 것으로 추정됩니다. 그들은 자신의 삶과 자산, 미래를 자신의 손에 맡기고 계획대로 목표를 달성합니다. 당신도 그렇게 할 수 있습니다.

돈과 관련해서는 두 가지 부류로 나눌 수 있습니다. 소득에 맞춰 욕구를 줄이는 억눌린 다수와 소득을 욕구에 맞추는 자유로운 소수. 당신은 어느 쪽이 더 낫다고 생각하십니까? 당신이 결정해야 합니다.

벤저민 프랭클린Benjamin Franklin은 부의 비밀을 밝혀냈습니다. 그에 따르면, 부에 이르는 길은 소득 수단을 늘리거나 욕구를 줄이는 것입니다. 두 가지 방법 모두 효과가 있습니다. 그러나 부에 이르는 가장 빠른 길은 두 가지를 동시에 하는 것입니다.

원하는 연간 소득을 구체적으로 적는 순간, 당신은 그 금액이 지금 하는 일의 평균 수준인지 평균보다 높은 수준인지 알 수 있습니다. 당신이 정한 금액은 평균보다 높을 것입니다. 아마도 훨씬 더. 오히려 좋습니다. 그렇다면 '이 일을 하는 사람 중에서 내가 목표한 금액만큼 버는 사람은 누구인가?'를 생각해보십시오. 그런 사람을 알고 있다면 당신은 그 돈을 벌려면 어떻게 해야 하는지도 잘 알고 있을 확률이 높습니다. 이것이 바로 당신이 성공하기 위한 하나의 방법입니다.

당신이 어떤 일을 하는지는 모르지만 모든 분야에는 미래의 새로운 리더가 필요합니다. 규모가 점점 커지고 범위가 확장될수록 가장 필요한 것은 해당 분야와 사람들을 '이끄는' 법을 알고 있는 잠재력과 헌신을 갖춘 인재입니다. 오늘날 미국의 최고 경영자들은 한때 회계사, 선적 사무원, 휘청거리는 변호사, 주유소 직원, 방문판매 사원, 가게 점원, 우편물실 직원, 속기사, 정비사 등이었습니다. 한마디로 온갖 다양한 자리에서 정상에 올랐습니다.

지금 제가 하는 말의 속뜻을 이해하셨나요? '무슨 일을 하느냐?'가 아니라 '어떤 사람인가?'가 중요하다는 의미입니다. 당신의 현재 상황이 아니라 중요한 목표를 달성하기 위해 당신의 마음이 만드는 상황이 중요합니다. 당신의 소득을 제한하는 것은 오로지 자신뿐입니다. 당신이 목표하는 소득은 당신이 지금 하는 일이나 현재 하고 있는 업계에서도 충분히 이루어낼 수 있습니다. 만약 불가능하다면 다른 일을 찾으면 됩니다.

구체적이고 명확한 계획과 목적지까지 밀고 나가는

용기만 있으면 됩니다. 도중에 포기하고 싶은 마음이 들 거라는 사실을 알면서도 끝까지 밀고 나가는 끈기와 결단력이 뒷받침되어야 합니다.

원하는 소득을 구체적으로 카드에 적어보십시오. 그리고 매일 어떻게 하면 자신이 제공하는 서비스를 늘릴 수 있을지 생각해보십시오. 그 방법만 찾는다면 당신이 원하는 목표는 저절로 이루어질 것입니다.

앞에서 결정한 세 가지 금액이 적힌 카드를 보십시오. 이처럼 명확한 재정 목표를 정하는 것은 자신의 미래에 대한 믿음을 보여주는 것입니다. 얼마 지나지 않아 당신은 보통 사람들이 말하는 '운 좋은 사람'이 될 것입니다. 감각이 살아나고 탁월한 아이디어가 마구 솟아날 것입니다. 일과 회사의 면면에 관심도 커질 것입니다. 그러면 예전에는 전혀 눈치채지 못했던 기회가 보이기 시작할 것입니다. 그뿐만이 아닙니다. 분명 전과는 달라진 자신을 느낄 것입니다. 남들이 일하는 방식에 연연하지 않고 자신이 어떻게 일할지에 몰두하게 될 것입니다. 이는 다른 사람들에게도 좋은 자극과

영감이 될 것입니다.

자기 자신을 믿으세요. 나에게는 목표를 달성할 능력이 있으며, 반드시 이루어질 것이라는 내면에서 우러나오는 조용하지만 확고한 믿음이 필요합니다. 포기하지 않고 계속 찾기만 한다면 언젠가 때가 되었을 때 답을 얻을 것입니다.

무엇보다 돈이 직접적인 목표가 되어서는 안 된다는 것을 깨달아야 합니다. 행복과 마찬가지로 돈은 결과로 우리에게 옵니다. 원인에 따르는 결과이지요. 누차 강조하지만, 돈이라는 결과를 가져오는 원인은 세상에 제공하는 가치 있는 서비스입니다.

돈의 위치를 올바로 파악하십시오. 돈은 하인에 불과합니다. 돈이라는 도구를 이용해 우리는 더 넓은 세상을 경험하고, 더 발전된 기술을 만들어낼 수 있습니다. 돈은 분명 현대인의 생활에 필요하지만 돈의 올바른 위치를 알아야 합니다. 너무 많은 음식이 오히려 건강을 해치는 것처럼 무조건 돈이 많다고 쾌적하고 안

락하고 행복한 삶이 보장되는 것은 아닙니다. 너무 돈에 집중하면 순식간에 주종관계가 뒤집혀 돈이 주인이 되고 우리가 하인이 됩니다. 누군가는 이렇게 말했습니다. "돈과 돈으로 살 수 있는 것들을 갖는 것도 좋지만, 때로는 돈으로 살 수 없는 것들을 잃어버리지 않았는지 돌아볼 필요가 있다."

누구나 직장과 가정에서 행복과 번영을 누려야 합니다. 이런 것들은 당신의 것이 될 수 있고, 또 그래야 합니다. 앞으로 일주일 동안 시간 날 때마다 이 장을 반복해서 읽어보십시오. 마음속으로 굳게 다지고 긴장을 푸세요. 침착하고 차분한 마음을 유지하세요. 최대한 평온한 마음을 유지하세요. 걱정할 필요가 없습니다.

원하는 소득, 저축과 투자 금액, 은퇴 이후 소득이라는 세 가지 목표를 어떻게 마련해야 할지 막막할 수 있습니다. 괜찮습니다. 정말 중요한 것은 자신이 원하는 것이 무엇인지 정확히 아는 것뿐이라는 사실을 기억하십시오. 사람은 생각대로 되므로 당신이 원하는 것을 알면 반드시 가질 수 있습니다.

재정 목표는 현실적으로 세워야 합니다. 그래야 목표에 도달한 후 더 높은 목표를 세울 수 있습니다. 한번에 너무 멀리 뛰려고 하면 혼란과 긴장, 걱정의 원인이 됩니다. 성장은 지혜롭고 논리적인 단계를 거쳐서 이루어져야 합니다. 일단 원하는 목표를 분명히 정하고, 내가 받는 보상은 내가 세상에 제공하는 서비스와 정확하게 일치한다는 사실을 기억하십시오. 그리고 자신이 정한 금액을 받을 가치가 있는 사람이 되는 방법과 수단을 찾으면 됩니다.

얼마 동안 당신은 자신의 가치에 미치지 못하는 소득을 벌 것입니다. 하지만 얼마 지나지 않아 둘은 일치할 것입니다. 그럴 수밖에 없습니다. 현재 버는 돈보다 더 가치 있는 사람만이 앞으로 나아갈 수 있기 때문입니다. 당신은 자신의 가치와 정확히 일치하는 돈을 벌게 될 것입니다.

결국 이 모든 것은 우주를 움직이는 위대한 원인과 결과의 법칙으로 돌아갑니다. 원인이 선행되지 않으면 결과가 나올 수 없습니다. 그래서 아무런 노력도 하지 않고 무언가를 얻으려는 사람은 결국 바보짓을 하는 것이고, 언젠가 거둬들일 것은 환멸과 좌절뿐입니다. 당신은 원하는 것을 얻을 수 있습니다. 무엇을 원하는지 확실히 알기만 한다면 말입니다.

CHAPTER 10

숨길 수 없는 단 하나

One Thing You Can't Hide

우리는 지식knowledge을 통해 성공적인 삶의 기술을 습득한다는 데 동의할 것입니다. 지식은 올바로 적용한다면 우리에게 힘이 됩니다. 그리고 지식은 누구나 이용할 수 있습니다.

무지의 정도에 따라 사람은 세상에서 자신의 위치가 결정됩니다. 누구나 무지하게 태어나고 한동안은 무지한 상태로 살아야 합니다. 하지만 이것만은 기억하세요. 살아가면서 태어난 순간처럼 계속 무지한 채로 남는다면 그 누구도 아닌 자신의 탓입니다.

정상에 오르는 가장 중요한 사다리 중 하나는 바로 '지식'입니다. 더 많이 알수록 더 높이 올라갈 수 있습니다. 그렇다면 어떤 지식부터 배워야 할까요? 누구도 모든 것을 알 수는 없습니다. 세상의 지식은 인간이 따라잡을 수 없을 정도로 빠르고 거대하게 쌓이고 있습니다. 마치 천년을 살아도 다 읽을 수 없는 수백만 권의 책이 소장된 의회 도서관에 가서 가장 먼저 읽을 책을 딱 한 권 골라야 하는 것과 비슷합니다. 다행히도 이 곤란한 문제의 답은 이미 나와 있습니다. 우선 언어 공부부터 시작해서 일반적인 관심 분야를 공부하면 됩니다.

먼저 익혀야 할 지식은 '언어'입니다. 언어를 사용하는 능력은 그 사람의 위치를 결정하고, 살아가는 동안 버는 돈의 액수도 어느 정도 좌우합니다. 아무리 세련된 옷을 입고 있어도 그가 입을 열고 말하는 순간 어떤 사람인지 고스란히 드러납니다. 우리가 '절대로 숨길 수 없는 한 가지'가 있다면 바로 언어를 사용하는 방식입니다.

수년 전 어느 유명 대학의 졸업반 학생들이 영어 어휘 시험을 치른 적이 있습니다. 상위 5%에서 시작해 하위까지 5% 단위로 점수가 매겨졌습니다. 대학 연구진은 그 후 20년 동안 그 학생들에게 정기적으로 직업과 수입 등을 묻는 설문지를 보냈습니다. 어휘 시험에서 높은 점수를 받은 사람일수록 상위 소득 그룹에 속하는 반면, 낮은 점수를 받은 사람일수록 하위 소득 그룹에 속하는 것으로 나타났습니다. 단 한 번의 예외도 없었습니다.

블레이크 클라크Blake Clark는 《리더스 다이제스트 Reader's Digest》에 "언어가 기적을 일으킨다(Words Can Work Wonders for You)."라는 제목의 기사를 실었습니다. 그러면서 이렇게 적었습니다. "각계계층의 35만 명 이상을 대상으로 실험한 결과, 많은 단어의 정확한 의미를 아는 지식은 그 어떤 측정 가능한 특징보다도 정확한 성공의 지표임이 드러났다."

그는 어휘력의 중요성을 보여주는 사례로 과학자인 존슨 오코너Johnson O'Connor의 연구를 언급했는데, 39개 대형 제조공장의 임원과 감독관들을 대상으로 시행한 연구 결과였습니다. 그 내용에 따르면, 모든 참가자는 리더십에 관련된 기본 적성에서 높은 점수를 받았지만 어휘력 점수에서는 분명하고도 극적인 차이가 나타났습니다. 사장과 부사장은 272점 중 평균 236점이었고, 관리자는 평균 168점, 현장 소장은 평균 140점, 작업반장 114점, 작업팀장은 86점이었습니다. 사실상 모든 경우에 어휘력은 직급 및 소득과 상관관계가 있었습니다.

어휘력이 뛰어난 아이일수록 학교 성적도 우수합니다. 어느 50대 세일즈맨은 어휘력 점수를 끌어올린 결과 회사의 부사장까지 승진했습니다. 블레이크 클라크는 또 이렇게 적었습니다.

"주목해야 할 고무적인 사실은 단어 하나를 익힐 때마다 사실은 단어 몇 개가 추가된다는 것이다. 새로운 단어를 중심핵으로 삼아서 그 주변을 맴도는 여러 생각을 이해하게 되는 것과도 같다. 의도적으로 새로운 단어 10개를 익히면 자신도 모르게 단어 90개를 습득하게 된다."

언어를 이해하는 것은 다른 모든 것을 배우고 익히

는 토대가 됩니다. 언어를 제대로 익히지 않아서 발전 없는 삶에 갇혀 있는 사람이 수백만 명에 이릅니다. 솔직히 말해서 인류 역사의 초창기부터 가장 큰 혜택을 누린 계층도 교육을 받은 이들이었습니다. 그들은 몇 마디를 말하는 아주 간단한 방법으로 어디서든 인정받을 수 있었습니다. 지식의 범위는 무엇보다도 언어에 의해 결정되는 것입니다.

방대한 지식의 저장고에 들어 있는 모든 것에는 이름이 있습니다. 그 이름, 즉 단어가 언어를 구성합니다. 단어를 많이 알고 적절하게 사용할수록 지식도 늘어납니다. 개인의 지식과 어휘력은 서로 밀접하게 연관되어 있습니다. 절대로 변하지 않는 사실입니다. 결코 둘 중에서 하나만 뛰어날 수가 없습니다.

어휘력 향상에 도움이 되는 책을 구입하십시오. 그런 책은 값진 독서를 제공할 뿐만 아니라 커리어에도 많은 도움이 됩니다. 어휘력과 더불어 효과적인 언어 사용법도 중요합니다. 여기에는 스피치의 구성 요소와 의미, 그것들을 이용해 문장을 만드는 방법을 배우는 것 등도 포함됩니다.

 언어를 어떤 식으로 사용하느냐도 현재의 지식 수준을 보여줍니다. 마음속으로 자신의 언어 지식 수준을 평가해보십시오. '탁월함', '좋음', '보통', '나쁨' 중에서 어디에 속하십니까? 만약 '탁월함'이라고 평가했다면 당신은 전체 상위 0.1%에 해당합니다. '좋음'은 상위 5%에 해당합니다. '보통'이라면 좋은 책을 사서 공부하십시오. '나쁨'이라면 집에서든 퇴근 이후이든 강좌를 수강해보십시오. 훌륭한 강좌가 많이 있습니다.

 공부할 시간이 없다는 사람들은 도서관의 중요성을 강조한 유명 사서인 루이스 쇼어스Louis Shores의 말을 들어보길 바랍니다. "우리는 각자 매일 15분씩 자신만의 독서 시간을 찾아야 한다. 매일 규칙적인 시간이라면 더 좋다. 준비물은 독서에 대한 의지뿐이다. 의지만 있으면 아무리 바쁜 날에도 독서에 15분을 낼 수 있다. 그러면 일주일에 책 반 권, 한 달에 두 권, 1년에 20권, 평생 1,000권을 읽는다. 책을 많이 읽은 현명한 사람이 되기란 이토록 쉬운 일이다." 하루에 15분만 투자하면 됩니다.

이제 두 번째 학습 영역인 일반적인 관심사에 대해 이야기해보겠습니다. 모든 사람에게는 주된 관심사가 있습니다. 세일즈맨이나 의사, 건축가, 기업 임원, 학생 할 것 없이 전부 마찬가지입니다. 이 영역의 독서는 이익을 위한 것입니다. 우리는 즐거움을 위해서도 독서를 해야 합니다.

우선 언어에 대한 지식을 늘리기 위한 정규 프로그램을 마친 후에는 개인적으로 가장 관심 있는 분야에 관한 체계적인 공부를 시작하십시오. 그러면 목표를 훨씬 빨리 달성할 것입니다.

제 라디오 프로그램을 청취하는 여성으로부터 편지를 받았습니다. 그녀는 시인이 되는 것이 꿈이라고 했습니다. 편지지의 윗부분에 전화번호가 적혀 있어서 전화를 걸어보았습니다. 얼마나 오랫동안 시를 공부했고, 어떤 시집을 가지고 있는지 물어보았습니다. 그녀는 시에 관한 책을 한 권도 가지고 있지 않으며, 공부를 위해 시를 읽어본 적도 없다고 답했습니다.

 이 일화를 언급하는 이유는 너무나 자주 있는 일이기 때문입니다. 사람들은 어떤 일을 하고 싶다고 말하지만, 조금만 물어보면 그것이 진실되고 중요한 목표가 아닌 충동에 불과하다는 사실이 금세 드러납니다.

 보트 타기에 관심 있는 사람은 보트 타기에 관한 잡지를 구독하고, 보트 타기를 다루거나 바다에 관한 이야기가 담긴 책을 구입하며, 선원 경험을 바탕으로 주로 바다를 소재로 하는 소설을 쓰는 조지프 콘래드Joseph Conrad의 책을 가지고 있을 것입니다. 빌지 펌프와 계선줄이 무엇인지 알고 있으며, 자신이 원하는 보트의 종류가 무엇인지도 정확히 알 것입니다. 저도 그런 컬렉션이 있습니다. 훌륭한 사전, 글쓰기와 문체와 피해야 할 실수에 관한 여러 책, 시집, 위대한 소설 등 다양한 책을 소장하고 있습니다.

 대개의 언어는 20만 개 이하의 단어로 이루어집니다. 영어 단어는 60만 개 이상이며 지금도 매일 늘어나고 있습니다. 그 단어들을 전부 아는 사람은 없습니다. 미국에서 언어 사용 능력 2위를 기록한 사람은 어느 대기업의 회장인데, 이는 절대로 우연이 아닙니다. 자신의 생각과 아이디어를 강력하고 효과적인 단어로 옮기는 능력은 비즈니스 세계는 물론 어떤 조직에서도 개인의 성장과 불가분의 관계에 있습니다.

우리가 갖추어야 할 것은 언어 능력뿐만이 아닙니다. 우리는 세계 역사, 특히 자국의 역사와 인간 자유사상의 역사에 관해서도 충분히 알아야 합니다. 미국인들 중에는 정부와 지도자들을 공개적으로 비판하고, 공직자들을 상대로 소송을 제기하며, 체포 시 자신이 선택한 변호사를 부르고, 일반인 배심원들의 판결을 받을 수 있다는 것이 얼마나 큰 행운인지 모르는 사람들이 많습니다. 전 세계에는 법적 절차를 거치지 않고 고문을 받을 수 있는 국가가 여전히 존재합니다.

몇 년 전 아내와 남아프리카공화국의 한 백인 부부와 이야기를 나누었는데, 그들은 감정이 북받쳐 오르는 듯한 표정으로 이렇게 말했습니다. "세상에, 비행기가 미국에 착륙하는 순간 자유의 냄새가 났다니까요."

여전히 많은 사람들이 '개인의 자유'에 대해 잘 알지 못합니다. 자유가 얼마나 얻기 어렵고 소중한 것인지 모릅니다. 그들은 모든 개인에게 진정한 기회와 선택권이 주어졌다는 사실도 알지 못합니다.

나는 사람들이 좋은 책을 갖추는 것이 필수라고 생각합니다. 요즘 미국에서는 가정집을 지을 때 특별한 요청이 없는 한 책장을 만들지 않는데, 개인 책장을 갖추지 않은 사람은 심각한 핸디캡을 가진 것이나 마찬가지입니다. 그들은 관심 있는 분야를 배우는 재미와 즐거움을 놓치고 있습니다. 책에 쓰는 돈은 지출이 아니라 투자입니다. 그것도 세상에서 가장 훌륭한 투자입니다. 책은 적은 투자 비용에 비해 엄청난 배당금을 지급합니다. 지식과 즐거움뿐 아니라 현금이나 소득으로도 지급됩니다.

누군가는 이렇게 적었습니다. "책은 좁은 현재를 무한한 과거로 넓혀준다. 책은 우리보다 먼저 살아간 이들의 실수를 보여주고 성공 비결을 공유한다. 우리가 더 나은 사람이 되도록 돕지 않는 책은 단 하나도 없다."

지식을 끊임없이 확장하지 않고 살아간다는 것은 삶의 목적과 현실에 눈을 감는 것과 같습니다. 역사를 통틀어 세상이 지금처럼 빠르게 움직인 적은 없었습니다. 세상과 보조를 맞추면서 성장하지 않으면 우리는 뒤처질 수밖에 없습니다. 지식을 배우고 익혀야 하는 이유는 그것이 우리의 목표를 이루는 최고의 방법이기 때문만은 아닙니다. 능숙한 선원이 바다를 진심으로 즐길 수 있듯이 지식이야말로 진정 삶을 즐기는 방법이기 때문입니다.

습관의 힘에 얽매이거나 주변 사람들에게 시간을 낭비하느라 얕은 물에만 머무르는 사람들이 있습니다. 저 갈대밭만 지나면 깊고 아름다운 바다가 펼쳐져 있다는 사실을 깨닫지 못한 채 말입니다. 좋은 배를 만들기 위해 시간과 노력을 더한다면 당신은 원하는 그 어떤 항구로라도 항해할 수 있습니다.

지금부터 아주 중요한 사실을 말씀드리겠습니다. 자신이 어디로 가고 있는지 알고, 그곳에 가기로 결심한 사람은 교육 수준과 상관없이 목표를 이루어낼 수 있습니다. 만약 목표를 달성하기 위해 배움이 필요하다면 그는 공부할 것입니다. 세상에 그 무엇도 끈기와 의지를 대신할 수 없습니다.

저는 우리 삶의 모든 분야에서 성공하는 것이 중요하다고 생각하며, 그중에서도 교육을 잘 받는 것은 가장 중요한 요소 중 하나라고 생각합니다. 아무리 물질적으로 큰 성공을 거두었어도 무지해서 그것을 즐기거나 관리하지 못한다면 무슨 소용이 있겠습니까.

이번 장에서 다룬 내용을 요약해보겠습니다.

지식은 곧 힘입니다. 지식이 많을수록 삶과 미래에 더 많은 힘을 행사할 수 있습니다.

세상에는 그 누구도 절대 다 흡수할 수 없을 정도로 지식이 많습니다. 과연 어디에서부터 지식을 쌓기 시작해야 할까요? 우선 언어 공부부터 시작하고, 그다음은 일반적인 관심 분야로 넘어가십시오. 앞으로 평생 자신의 성장에 도움을 주고 지속적으로 관심을 가질 만한 두 가지 주제를 찾아보십시오.

언어는 침묵하지 않는 한 우리가 숨길 수 없는 유일한 한 가지임을 기억하십시오. 필요한 효과가 나타날 때까지 언어 사용 능력을 끌어올려야 합니다.

언어 사용 능력과 어휘력은 개인의 소득과 미래를 놀라울 정도로 크게 좌우합니다.

매일 최소 15분 동안 독서를 하십시오. 관심 있는 주제도 좋지만, 생각의 폭을 넓혀주는 주제를 의도적으로 선택할 필요가 있습니다. 새로운 생각으로 넓어진 마음은 다시는 원래의 크기로 줄어들 수 없다는 것을 기억하십시오.

보통 사람들의 어휘력은 1년에 단어 5개 정도밖에 늘지 않습니다. 부족해도 한참 부족한 수준입니다. 매주 최대한 많은 단어를 추가하십시오. 인기 있는 잡지들의 특집 기사를 많이 읽으면 도움이 될 것입니다.

마지막으로 학교 졸업은 배움의 끝이 아니라 시작이라는 사실을 기억해야 합니다. 친절, 인내, 사랑, 이해, 성공은 지혜가 있어야 따라온다는 것도 잊지 마십시오. 지금 시작해도 절대 늦지 않았습니다.

CHAPTER 11

오늘의 가장 위대한 모험

Today's Greatest Adventure

우리는 성공을 가치 있는 목표를 점진적으로 실현하는 것이라고 정의했습니다. 이번 장에서는 앞으로 살아가는 동안 목표를 하나씩 실현하고 달성하는 방법을 알려드리려고 합니다.

 살다 보면 목표가 너무 멀리 있는 것처럼 느껴지거나, 때로는 우리가 너무 더뎌서 낙담하거나 의지가 꺾일 때가 있습니다. 목표를 이루는 것이 불가능한 것처럼 아득하게 느껴지는 순간도 있습니다. 그럴 때마다 우리는 성장에는 아무런 도움이 되지 않는 예전으로 돌아가고 싶어집니다.

 하지만 시련을 이겨내겠다는 의지가 있는 사람은 답을 찾아냅니다. 전 세계의 성공한 사람들이 그렇게 했고, 위대한 사상가들이 활용한 방법이 있습니다. 바로 한 번에 하나씩, 성공하는 하루하루를 만들어가는 것입니다.

우리의 인생은 하루, 몇 주, 몇 달, 몇 년이 모여서 이루어집니다. 삶을 하루 단위로 생각해보십시오. 오늘 하루의 할 일이 내가 살아내야 할 삶이라고 생각하는 것입니다. 성공적인 삶이란 성공하는 하루하루가 합쳐진 것이라고 할 수 있습니다. 목표에 도달하려면 수많은 날이 필요하고, 최소한의 시간에 목표를 이루기 위해서는 매일 하루가 중요합니다.

'인생'이라는 탑을 쌓기 위해서는 '하루'라는 재료가 필요합니다. 장인이 한 번에 하나의 돌만 쌓아나가듯이 우리는 한 번에 하루만 살 수 있습니다. 하루하루를 어떻게 살아가고 쌓아가느냐에 따라 당신이 짓는 탑의 아름다움과 견고함이 결정됩니다. 돌을 하나하나 성공적으로 쌓는다면 그 탑은 성공적으로 완성될 것입니다. 하지만 돌을 아무렇게나 쌓아간다면 탑 전체가 위험해집니다. 너무 단순한 비유처럼 보일 수도 있지만 요점을 확실하게 전달하고자 하기 위함입니다. 그리고 이것은 인간의 삶을 바라보는 유익하고도 논리적인 관점입니다.

이제부터 성공하는 하루를 만들어가는 것부터 시작해보십시오. 아침에 일어날 때부터 밤에 잠들 때까지 가능한 한 자주 자신의 목표를 떠올려보세요.

매일 하루는 여러 가지 해야 할 일들로 이루어집니다. 그 일들을 성공적으로 끝내는 것이 하루의 성공을 결정합니다. 만약 하루의 할 일을 모두 해낸다면 그날 밤은 평화롭고 편안하게 잠들 수 있을 것입니다. 최선을 다해 성공하는 하루를 만들었고, 또 하나의 돌이 성공적으로 제자리에 놓였으니까 말입니다. 이것이 진정으로 살아가는 방법입니다.

매일 그날 할 수 있는 일을 끝내십시오. 가능한 한 짧은 시간 안에 많은 일을 하려고 자신을 닦달할 필요는 없습니다. 내일 혹은 다음주에 할 일을 오늘 하려고 하지 마십시오. 중요한 것은 일의 가짓수가 아닙니다. 일의 완성도와 효율성입니다. 시간이 지나면 자연스럽게 더 많은 일을 더 효율적으로 해낼 수 있을 것입니다.

성공의 습관을 기르려면 하루하루 작은 일을 성공하면 됩니다. 그러면 성공하는 하루가 되고, 몇 주, 몇 달, 몇 년 동안 이런 하루가 충분히 쌓이면 성공한 삶이 되는 것입니다.

성공은 행운의 문제가 아니라고 말하는 이유도 이 때문입니다. 성공은 얼마든지 예측과 보장이 가능하며, 이 방법을 따르면 누구나 성공할 수 있습니다. 자신도 모르는 사이에 목표가 이루어져 있을 것입니다. 그때 돌아보면 당신의 성공이 하루, 일주일, 또는 한 달의 결과가 아님을 깨달을 것입니다. 성공하는 하루를 한결같이 꾸준히 만들어간 것이 성공의 비결임을 알게 될 것입니다. 이것이 삶이라는 탑을 성공적으로 짓는 방식입니다. 그날 하루의 할 일을 하나씩 해내어 성공하는 하루를 만들어나가면 됩니다.

당신이 선택한 목적지로 나아가기 위해서는 ①목표

를 계속 주시하고 ②역량과 효율성을 계속 발전시켜야 합니다. 조급해하지 마십시오. 매일 진로를 벗어나게 만드는 하루의 작은 방해물들에 휩쓸리지 마십시오. 방해물에 관심도 주지 말고 떨쳐버린 후 절대 길에서 벗어나지 마십시오. 눈뜨는 순간부터 잠드는 순간까지 그날 하루의 할 일에만 집중하고, 그 일을 최대한 성공적으로 해내면 됩니다.

모든 일, 적어도 대부분의 일을 성공적으로 해내면 당신의 삶은 성공할 수밖에 없다는 사실을 잊지 마십시오. 그렇게 하면 절대로 성공 말고 다른 결과가 나올 수 없습니다. 성공을 피할 수 없습니다.

성장을 확신하는 사람들은 지금 하는 일을 초월하는 큰 사람이 됩니다. 그들은 자신이 무엇을 원하는지 확실하게 알고, 그것이 절대적으로 가능한 일임을 확신하며, 목표를 반드시 이루겠다고 결심합니다. 사람은 자신이 되고 싶다고 생각하는 사람이 된다는 사실을 기억하십시오. 사람들은 자신이 마음먹은 대로 행동하게 됩니다.

당신은 현재 하는 일에 비해 큰 사람인가요? 스스로 그렇다고 확신한다면 분명 다른 사람에게도 명백한 사실일 것입니다. 승진은 자연스럽게 '주어지는' 것이 아닙니다. 맡은 일보다 훨씬 큰 사람이 됨으로써 스스로 성공하는 사람이 되는 것입니다. 이것은 그날의 할 일을 하나씩 해내는 하루하루가 쌓여서 가능해집니다.

그렇다면 중요한 일과 중요하지 않은 일을 어떻게 구분할 수 있을까요? 아이디어 하나로 25,000달러를 벌어들인 남자의 이야기를 들어본 적 있습니까? 정말로 그 정도의 가치가 있는 아이디어였습니다.

효율성 전문가인 아이비 리Ivy Lee가 철강 회사의 사장을 만났습니다. 리가 잠재고객인 그 사장에게 경영 효율성이 올라가도록 도와주겠다며 한창 설명하고 있을 때 사장이 끼어들었습니다. 사장은 자신이 경영에 대해 잘 알고는 있지만, 현재 훌륭하다고 평가할 만큼 기업을 잘 이끌고 있지 못하다고 말했습니다. 그리고 지식이 아니라 행동이 더 필요하다고 했습니다. "우리는 무엇을 해야 하는지 알고 있습니다. 당신이 더 잘하는 방법을 제시한다면 귀담아들을 것이고, 합리적인 범위 내에서 얼마든지 돈을 지불하겠습니다."

그러자 리는 효율성을 최소 50% 높일 수 있는 방법을 20분 안에 알려주겠다고 했습니다. 그런 다음 백지 한 장을 건네며 이렇게 말했습니다. "내일 해야 할 일 중에서 가장 중요한 여섯 가지 일을 이 종이에 적으세요." 사장은 잠시 생각하더니 그의 말대로 했습니다. 3~4분 정도 걸렸습니다.

그다음 리가 말했습니다. "당신과 회사에 중요한 순서대로 이 일들에 번호를 매기세요." 역시 3~5분 정도 걸렸습니다.

리가 다시 말했습니다. "이 종이를 주머니에 넣고 내일 아침에 일어나자마자 꺼내서 1번 일을 보세요. 다른 것들은 보지 말고 1번만 보고 그 일을 시작하세요. 가능하면 끝날 때까지 멈추지 말고 쭉 하세요. 1번이 끝나면 이제 2번도 똑같이 합니다. 그다음에 3번과 남은 일들도 하세요. 하루를 마무리할 때까지 그런 식으로 일하면 됩니다."

"목록에 있는 한두 가지만 완료했더라도 걱정하지 마세요. 나머지 일은 나중에 해도 됩니다. 이 방법으로 모든 일을 완료하지 못했다는 건 애초에 어떤 방법으로든 하루 동안 다 끝낼 수 없었다는 뜻이니까요. 이렇게 체계적인 방법을 이용하지 않았다면 완료하는 데 시간이 10배나 더 많이 걸렸을 것이고, 중요한 순서대로 정리하지도 못했을 겁니다."

"이 방식을 매일 활용하세요. 효율적이라는 확신이 들거든 직원들도 이 방법을 쓰게 하세요. 원하는 만큼 오래 활용해보고, 당신이 생각하는 이 아이디어의 가치만큼 저에게 돈을 보내주시면 됩니다."

인터뷰는 총 30분도 걸리지 않았습니다. 결과적으로 그 사장은 몇 주 후에 아이비 리에게 25,000달러가 적힌 수표를 보냈습니다. 사장은 편지도 함께 보냈는데, 그가 그동안 들은 아이디어 중 돈의 관점에서 가장 수익성 높은 아이디어였다는 내용이었습니다. 결국 그의

CHAPTER 11 : 오늘의 가장 위대한 모험

아이디어는 당시 잘 알려지지 않았던 철강 회사를 세계 최대의 독립 철강 생산업체로 만드는 데 크게 기여했습니다.

바로 이 방법입니다! 해야 할 일의 순서를 정해놓고 한 가지를 성공적으로 끝낸 뒤에 다음 일을 하는 것. 하루하루를 성공적으로 살아가는 것.

앞으로 7일 동안 25,000달러짜리 아이디어를 직접 실천해보십시오. 오늘 밤, 중요한 할 일 여섯 가지를 종이에 적고 중요도 순으로 번호를 매깁니다. 내일 아침에 1번 일을 가장 먼저 시작합니다. 성공적으로 완료할 때까지 계속하세요. 그다음에 2번으로 넘어가고 이런 식으로 계속합니다. 여섯 가지 작업을 모두 끝낸 후에는 다른 종이에 같은 과정을 반복합니다.

당신은 이 방법이 삶에 질서를 가져다주고, 꼭 필요한 일들을 중요한 순서대로 빠른 속도로 끝내게 해준다는 사실에 놀라고 기뻐할 것입니다. 이 방법은 간단하지만 매우 효과적이며, 삶의 모든 혼란을 제거해줄 것입니다. 다음에 무엇을 해야 할지 혼란스러운 채로 제자리를 빙빙 돌기만 하는 일은 절대 없을 것입니다.

이 방법을 사용할 때는 최선을 다해 하루를 살아야 한다는 것을 기억하세요. 내일이나 모레, 또는 이달 말이 어떻게 될지 걱정할 필요가 없습니다. 하루하루를 성공적으로 살아내면 결국 모든 장애물을 넘고 모든 문제를 해결할 수 있습니다. 할 일을 성공적으로 처리하기만 하면 성공하는 하루가 되고, 성공하는 하루가 쌓이면 성공적인 삶이 된다는 사실은 안도감을 줍니다. 이것은 누구도 반박할 수 없는 논리입니다. 언제나 누구에게나 효과적입니다.

가장 중요한 일만 기록하는 이유는 분명합니다. 그날 해야 하는 일을 성공적으로 끝내는 것은 일 자체의 중요도만큼이나 중요합니다. 불필요한 많은 일을 성공적으로 끝내는 것은 시간 낭비에 불과합니다. 시간을 들여서 효율적으로 실행하는 일은 반드시 중요한 일, 즉 목표를 향해 꾸준히 나아가게 해주는 일이어야만 합니다.

학생들은 좋은 성적을 받아야 한다고 걱정합니다. 학기가 끝나기 전에 해야 할 일들에 대해 전부 생각합니다. 만약 이 방법을 활용한다면 걱정을 그만두고도 훌륭한 성적을 기대할 수 있습니다.

고등학교와 대학교의 신입생들은 앞으로 3~4년간의 시간을 성공적으로 보내고 무사히 졸업할 수 있을지에 대해 걱정하고 의심합니다. 그들에게 3~4년이라는 시간은 영원에 가까운 너무나 긴 시간처럼 느껴질 수 있습니다. 이런 걱정과 의구심은 포기로 이어지기도 합니다. 실패에 대한 두려움 때문이지요.

하버드대학교에서 학생들을 가르쳤던 유명한 심리학자 윌리엄 제임스는 학생들에게 노력이 과연 성공으로 이어질지 걱정하지 말라고 당부했습니다. 하루하루 최선을 다해 앞에 놓인 일을 해낸다면 어느새 남들보다 더 큰 경쟁력을 갖춘 사람이 되어 있을 것이라고 말했습니다.

이 방법은 학생, 기업의 신입사원, 고위 임원, 전문직 등 누구에게나 효과적입니다. 의심, 두려움, 걱정을 없애고 삶에 질서를 가져다줍니다.

우리가 할 일은 오늘 하루를 성공적으로 보내면 밝은 내일이 온다는 사실을 기억하고, 설레는 마음으로 매일 하루를 맞이하는 것입니다. 그러면 하루하루가 지날수록 더 유능해지고, 자신감도 생겨서 꾸준히 앞으로 나아갈 수 있습니다. 나만 빼고 다들 갑자기 속도를 내고 전속력으로 미친 듯이 질주하는 것처럼 보여서 불안해질지도 모릅니다. 하지만 결국 삶이 보상을 주는 것은 꾸준함입니다.

"영원히 살 것처럼 일하고 내일 죽을 것처럼 살아라." 캔터베리 대주교 성 에드먼드의 말이 옳았습니다.

내일 해야 할 가장 중요한 일 여섯 가지를 적어보세요. 그다음에는 중요한 순서대로 번호를 매기세요. 신중하게 잘 생각해야 합니다. 내일 아침 가장 먼저 1번 과제를 시작하고, 다 끝날 때까지 멈추지 말고 계속하세요. 만약 완료가 늦어질 수밖에 없는 이유가 있다면

2번 과제로 넘어가도 됩니다. 하지만 반드시 순서대로 처리하고 가능한 끝내는 것이 중요합니다. 방해물에 주의가 흐트러지지 않도록 하십시오.

저는 타자기가 놓인 옆 벽면에 어니스트 헤밍웨이 Ernest Hemingway의 명언을 붙여놓았습니다. "최대한 잘 쓰고 시작한 것을 끝내라."

탁월한 성공을 거두는 비결은 결코 불가사의하거나 변덕스러운 것이 아닙니다. 그것은 전적으로 개인이 통제할 수 있는 범위이며 절대적으로 예측할 수 있습니다. 매일 특정한 방식으로 일을 성공적으로 끝내는 단순한 문제일 뿐입니다. 당신이 추구하는 확실한 목표가 있다면 정말 그렇게만 하면 됩니다. 그러면 당신이 일과 가정, 조직에서 성공하지 못할 이유는 없습니다.

무한한 우주의 모든 것은 원인과 결과의 법칙에 따른다는 사실을 기억하십시오. 이 법칙에는 예외가 없습니다. 세상에 우연으로 일어나는 일은 하나도 없습니다. 모든 결과에는 원인이 있습니다. 원인에 관심을 집중하면 결과는 예외 없이 저절로 해결됩니다. 원인이 좋으면 결과도 좋습니다. 원인이 나쁘면 결과도 나쁩니다. 이것은 내일은 내일의 태양이 뜨는 것처럼 불변의 진리입니다. 한 번에 하나씩, 성공하는 하루하루를 살아가면 우리가 원하는 목표와 성공에는 믿을 수 없을 만큼 상당한 누적 효과가 생깁니다.

건물을 짓기 시작하는 벽돌공이 첫 번째 벽돌을 자리에 놓는 순간에는, 앞으로 남은 일이 너무나 거대해서 보는 사람마저 한숨이 나올 지경입니다. 하지만 어느새 작업은 끝났고, 멋들어진 건물이 들어서 있습니다. 완성된 구조물의 하중을 떠받쳐야 하는 꼭 필요한 벽돌들이 제각각 모두 있어야 할 곳에 있습니다. 우리의 삶도 하루하루가 그래야 합니다. 그러면 완성된 결과물이 행복과 자부심을 가져다줄 것입니다.

CHAPTER 12

백마 탄 리더

The Person on the White Horse

규모를 막론하고 모든 기업과 조직에는 리더가 필요합니다. 기업에는 위원회나 리더 계층, 그리고 광범위하게 분산된 다양한 부서들이 존재하지만, 기업 전체와 각 부서에는 강력하고 유능한 리더십이 있어야 합니다.

일반적으로 생각하는 것과 달리 조직의 사기는 아래에서부터 올라오는 것이 아니라 위에서 아래로 스며드는 것입니다. 어떤 조직이든 구성원들의 태도는 리더의 태도를 그대로 반영합니다. 그 리더는 바로 단 한 사람, 즉 백마 탄 리더입니다.

수천 명의 직원과 수백 명의 관리자를 거느린 가장 크고 오래된 회사조차도 심각한 위기가 발생하거나 조직이 좀처럼 제 역량을 발휘하지 못하면 단 한 사람을 지명해서 최종 권한자의 자리에 앉힙니다. 회사 전체와 이사회, 어쩌면 수천 명의 주주가 모두 그에게 리더십과 성공을 기대합니다. 자동차 회사 크라이슬러Chrysler의 리 아이아코카Lee Iacocca가 아주 좋은 예입니다.

주유소든, 슈퍼마켓이든, 학교 클럽이든, 학부모회든, 잘 정돈된 집이든, 성공적으로 운영되는 조직에는 항상 훌륭한 리더가 있기 마련입니다. 리더는 사회에서 가치 있는 역할을 하는 사람입니다. 리더는 시계를 보지 않습니다. 남들보다 일찍 시작하고 늦게까지 일합니다. 쉬는 도중에도 계획을 구상하는 경우가 많습니다.

1930년대 대공황 시절 고용주들이 가장 자주 들었던 말은 "일거리만 주면 무엇이든 열심히 하겠습니다."였습니다. 실업자가 수백만 명에 달했고 수많은 사업체가 문을 닫았지요. 인력사무소 밖에는 무슨 일이든지 구하려고 몰려든 사람들이 길게 줄을 서 있었습니다.

그 시기에 일자리를 찾아 이주한 사람들로 넘쳐났던 캘리포니아의 롱비치에서(하지만 원래 그곳에 살고 있던 사람들을 위한 일거리조차 충분하지 않았습니다.) 제 친구는 흥미로운 사실을 발견했습니다. 일하고 싶은 곳을 마음대로 선택할 수 있다는 것이었습니다. 믿기지 않을지도 모르지만 사실이었습니다.

어느 날 그는 사업체들도 일자리를 찾는 사람들과 마찬가지로 성공하고 싶어 한다는 사실을 깨달았습니다. 사업체의 리더나 관리자들은 미국을 덮친 심각한 위기에 대해 걱정했고, 다수는 어떻게든 문제를 해결해줄 사람이 나타나기만을 바라고 있었습니다. 그러나 그들을 찾아오는 사람들은 일자리를 달라며 "무엇이든 열심히 하겠습니다."라고 말할 뿐이었습니다. 한마디로 다들 절체절명의 위기에서 비틀거리는 회사에 돈을 요구하고 있었던 것입니다. 그래서 미국 전역의 사업체들은 창문에 '채용 안 함.'이라는 문구를 써 붙였습니다. 다행히 일자리를 찾는 사람들을 돌려보낼 수는 있었지만, 부정적인 광고 효과 때문에 결국 회사도 손해였습니다.

그때 제 친구는 문제가 아니라 해결책이 되기로 결

심했습니다. 그의 방법은 간단했지만 기적과 같은 효과가 있었습니다. 일단 그는 자신이 관심 있고 커리어를 쌓고 싶은 분야를 선택했습니다. 그다음에는 한 달 동안 해당 분야에 대해 알아낼 수 있는 것은 전부 파악했습니다. 업계에 종사하는 사람들과 대화를 나누며 그들이 처한 문제가 무엇인지, 잘못되었다고 느끼는 것은 무엇인지에 관한 이야기도 들었습니다. 질문을 통해 업계 종사자들이 필요하다고 생각하는 것이 무엇인지 알아내는 데도 많은 시간을 투자했습니다. 그리고 도서관에 가서 해당 산업 분야에 대한 자료를 닥치는 대로 읽었습니다. 그다음에는 그 산업을 개선할 방법과 수단을 찾기 시작했습니다.

마침내 준비가 다 갖춰지자 친구는 점찍어둔 회사에 전화를 걸었습니다. 그는 일자리를 부탁하지 않고 사장에게 이렇게 말했습니다. "저는 이 회사의 매출을 크게 올릴 방법을 몇 가지 알고 있습니다. 그에 관해 이야기를 나누고 싶습니다."

한마디로 그는 잠재고객이 가장 관심 있어 하는 것

을 팔았던 것입니다. 그 분야에 대해 열심히 배우고 준비했기 때문에 명료하고 똑똑히 말할 수 있었습니다. 긍정적인 자세로 회사의 수익성을 높일 수 있는 방법을 찾도록 도와주겠다는 의지를 보여주었습니다. 당연히 그는 그 회사에 취직했습니다. 다른 사람들이 일자리를 달라고 부탁할 때 그는 회사에 도움될 방법을 찾아서 먼저 제시했던 것입니다.

그가 정확히 어떻게 했습니까? 가장 먼저 그는 전문성을 높였습니다. 자신이 투자하고 준비할 분야를 선택했고, 자신의 능력을 증명해 보였습니다.

'이것저것 다 하지만 전문 분야가 없는 사람'은 미국의 대공황 시기에 가장 큰 타격을 받았습니다. 반면 자신이 어떤 능력을 갖추었고, 어떤 방향으로 나아가고자 하는지 아는 사람은 마치 큰 배가 폭풍을 뚫고 항해하듯이 무사히 대공황을 헤쳐나갔습니다. 물론 항해가 그렇게 순탄하지만은 않았지만, 적어도 그들은 앞으로 나아갔고 침몰하지 않았습니다. 그리고 수천 개의 기업이 대공황 시기 동안 실제로 더 크게 성장하고 번창

했습니다.

 높은 직업 안정성을 유지하는 가장 좋은 방법은 한 가지 분야에서 탁월해지는 것입니다. 이렇게 생각해보십시오. 경제 호황과 불황에 상관없이 그 분야는 계속 운영될 것입니다. 완전히 중단되지는 않을 것입니다. 그 산업에 종사하는 사람의 상위 5% 안에 든다면 당신은 언제나 수요가 있을 것입니다. 그 산업이 언제나 당신을 원하고 필요로 할 것입니다.

 자신이 하는 일에 탁월하게 뛰어난 사람은 못 해낼 것이 없습니다. 자신감이 넘치고 마음이 평화롭습니다. 그는 자신의 능력을 잘 알고 있으며, 자신의 직업과 업계에 대해 혜안을 갖추고 있습니다. 주부나 학생 역시 자기가 하는 일에 최상위 능력을 갖추었다면 그들도 성공한 셈입니다. 자신은 물론 모두가 알고 있는 사실입니다.

 다음 질문을 스스로에게 해보세요. "나는 한 가지 분야에 탁월한 사람인가?" 당신은 그 답을 알고 있습니다다. 만약 '그렇다.'라고 답한다면 당신은 정말로 운이 좋은 사람입니다. 세상에서 가장 규모가 적은 선택받은 집단에 속하게 됩니다. '그렇지 않다.'라고 답해야 한다고 해도 걱정하지 마십시오. 놀라울 정도로 짧은 시간 안에 '그렇다.'로 바꿀 수 있습니다. 이제부터 그 방법을 알려주겠습니다.

그 방법은 바로 정말로 크고 중대한 결정을 내리는 것입니다. 대부분의 사람들은 중요한 시기에 결정을 내리지 않아서 고통을 받습니다. 크고 중대한 결정을 내리지 않으면 자신의 목표를 명확히 알지 못하고 목적지를 향해 나아갈 수도 없습니다. 하지만 자기 삶의 방향을 바꿀 크고 중대한 결정을 내릴 수 있다면 목표에 시선을 단단히 고정한 채 여유롭고 편안한 마음으로 일터로 향할 수 있습니다. 원하는 성공을 반드시 손에 넣으리라는 확신이 있기 때문입니다.

철강왕 앤드루 카네기Andrew Carnegie는 성공의 공식을 묻는 말에 이렇게 답했습니다. "달걀을 한 바구니에 담고 바구니를 잘 지켜보라."

현실적으로 한번 생각해보세요. 경제 침체기에 해고 당하는 사람은 누구입니까? 배가 가라앉을 위기에 처했을 때 바다로 던져지는 것은 무엇입니까? 바로 배의 운항과 승객의 안전에 절대적으로 필요하지 않은 것들입니다. 기업을 비롯한 모든 조직에서도 마찬가지입니다. 그럴 수밖에 없습니다.

기업의 가장 큰 목적은 사업을 영원히 이어가는 것입니다. 사업을 유지하는 한 기업은 소비자에게 필요한 제품이나 서비스를 제공할 수 있고, 기업을 믿고 투자한 사람들의 돈을 지킬 수 있으며, 기업을 지속적으로 운영하기 위해 필요한 사람들에게 일자리를 제공할 수 있습니다. 항해를 이어가기 위해 자신의 권한을 다해 노력하는 것이 선장의 의무인 것처럼 기업과 기업에 기여하는 사람들을 지키는 것이 경영자의 의무입니다.

우리는 자신이 사업이나 조직의 중요한 구성원이라는 사실을 확실하게 보여주어야만 합니다. 필수품이 아닌 예비품인 사람, 맡은 일보다 더 많이 하지 않으면서 곤란하지 않을 정도로만 일하는 사람, "나는 받는 만큼만 일한다."라고 말하는 사람은 기업의 안전이 흔들릴 때 가장 먼저 내보내지리라는 것을 예상해야 합니다.

선장은 웬만하면 아무것도 바다에 던져버리고 싶지 않겠지만, 침몰하는 배를 구할 수만 있다면 버리는 쪽을 선택할 것입니다. 이것이 바로 사람들이 해고되는 이유입니다. 노사관계나 각 개인의 성격과는 아무 관련이 없습니다. 그리고 장기적으로는 그 선택이 모두에게 최선입니다. 일단 항해가 다시 순조로워지면 추가 고용이 가능해지기 때문이지요. 따라서 우리는 배의 화물이 될 것인지 아니면 선원이 될 것인지를 결정해야 합니다.

오늘날 수백만 명이 범공포증panphobia이라는 질병을 앓고 있습니다. 범공포증은 문자 그대로 '모든 것에 대한 두려움'을 뜻합니다. 이것은 특히 일요일 밤이나 월요일 아침에 마음속에서 일종의 공포로 드러나는 불안감이나 불편한 느낌입니다. 불안한 예감과 근심입니다.

극도로 불쾌한 이런 상태는 자신이 실제로 하는 일보다 더 많이 인정받고 있거나 최선을 다하지 않는다는 사실을 암묵적으로 인지하고 있다는 데서 나옵니다. 기업에 고용된 직원의 경우 최선을 다하고 정당하게 얻어내지 않은 보상을 받을 때 근본적으로 잘못되었다는 사실을 아는 것입니다.

 범공포증에서 도망치려고 해봤자 소용없습니다. 그것은 집 안에서도, 마당에서도, 심지어 휴가 때조차도 우리를 따라옵니다. 우리의 마음속에 존재하기 때문에 아무리 비행기를 타고 멀리 떠나고, 아무리 재미있는 TV 프로그램을 봐도 이내 의식 속으로 들어옵니다.

 이 병적 증상의 치료법은 아주 간단합니다. 창밖으로 몸을 던지지 말고 당신의 일과 행동에 자신을 던지면 됩니다. 받는 것보다 더 가치 있는 사람이 되기로 결정하는 것입니다. 그렇게 해야만 성장할 수 있습니다. 당신이 받는 보상이 자연스러운 결과여야 하므로, 받는 것보다 세상에 제공하는 서비스가 더 많아야 함을 아는 것입니다. 자신에게 정직한 사람은 어려운 일을 성공적으로 해낸 후에 가장 행복하고 만족스럽다는 것을 알 것입니다.

리더는 다른 사람들을 돕고 이끄는 사람입니다. 자녀가 하루라도 빨리 성공과 행복의 법칙을 배우기를 바라는 성실한 엄마, 가치가 있는 일은 잘해야 할 가치가 있음을 보여주는 아빠, 좋은 성적을 받는 것을 넘어 배움에 대한 열정으로 주도적으로 공부하는 학생, 지역사회에 선한 영향력을 미치는 농부, 작은 사업체를 계속 성장하고 번영시키는 사업가, 월급을 주는 회사에 최선을 다하는 것이 자신에게도 최선의 이익임을 아는 지혜로운 직원, 이들 모두가 리더입니다. 리더는 하루, 일주일, 한 달이 지날 때마다 더 크고 나은 사람이 되는 것이 얼마나 중요한지를 깨닫는 사람입니다. 리더는 자신의 성장에 대한 책임을 집니다. 그는 계획하고 생각하고 행동하는 사람입니다.

누구나 자신의 활동 영역에서 리더가 될 수 있습니다. 어렵지 않습니다. 처음에 쉬워 보이는 방법보다 장기적으로는 이 접근법이 더 쉬울 것입니다.

목표가 이루어진 모습을 상상하고 가능성을 즐기십시오. 그리고 그 목표를 향해 나아가십시오. 모든 사람에게 유쾌하고 긍정적인 태도를 유지하십시오. 원하는 목표를 이루리라는 것을 알고 있는데 유쾌하지 않을 이유가 없습니다. 그러면 목표를 향해 나아가는 길에서 도움이 될 만한 정보를 스펀지처럼 빨아들이게 될 것입니다. 앞서간 사람들이 이미 했던 실수를 반복하며 오랜 시간을 낭비할 필요가 없어집니다. 이후는 분명 놀라울 정도로 빨리 목표에 도달할 것입니다.

조급해하지 마십시오. 이루어질 일은 때가 되면 이루어지게 되어 있음을 알고 믿어야 합니다. 세상의 모든 일은 자연의 법칙에 따르는 사람의 편에서 진행됩니다.

다른 것은 다 잊어버려도 이것만큼은 기억하십시오. 당신이 앞으로 어떤 방식으로든 깨닫고 경험할 모든 것은 절대불변의 진리에 따라 일어납니다. 그 진리는 별들의 법칙이요, 세상의 균형 법칙입니다.

에머슨도 말했습니다. "자연의 모든 것은 먼지 하나,

깃털 하나까지도 우연이나 행운이 아닌 법칙에 따라 움직인다. 뿌린 대로 거둘 것이니!"

자신을 돌아보고 현재 상황을 점검해보세요. 당신의 현재는 과거에 뿌린 대로 거둔 결과입니다. 그 이상도 그 이하도 아닙니다. 현재에 만족하십니까? 이것이 당신이 원하는 삶인가요? 그렇다면 오늘, 내일, 그리고 그다음 날 무엇을 뿌려야 하는지 알게 될 것입니다. 씨앗을 뿌린 후에는 차분하고 고요하며 유쾌한 확신 속에서 안심하십시오. 뿌렸으니 반드시 거둘 것이고, 앞으로 살아가는 모든 나날 동안 풍요로운 결과와 풍성한 수확이 저절로 찾아올 것입니다.

현대 사회에서 한 인간으로서의 성공은 저절로 이루어지지 않는다는 사실을 알아야 합니다. 성공하려면 다른 사람을 위해 자신을 의식적으로 활용할 수 있어야 합니다. 우리에게는 경이로운 두뇌와 유전적 가능성, 일정 시간, 그리고 자유의지가 있습니다.

우리는 자유로운 세상에 살고 있는 운 좋은 소수에

속합니다. 되고자 진지하게 마음만 먹는다면 무엇이든 될 수 있습니다. 우리가 진지하게 결정하는 목표는 결국 자신의 유전적 가능성과 자연스럽게 이어져 있으므로 이루어질 수 있습니다. 과학에 소질이 거의 없거나 전혀 없는 사람은 결코 과학자가 되기로 결심하지 않을 것입니다. 천성적으로 수줍음이 많고 내성적인 사람은 절대 영업직을 선택하지 않을 것이고, 선택하더라도 금방 그만둘 것입니다.

누구나 내면의 목소리를 가지고 있습니다. 에머슨은 그것을 우리 안에서 진동하는 '쇠줄'이라고 표현했습니다. 누구나 지상에서 인생이라는 휴가를 보내는 동안 성공하기를 바라고, 모두가 성공해야 합니다. 하지만 우리는 집단으로 성공하는 것이 아니라 개인으로 성공하거나 실패합니다.

이 책에서 당신은 자신이 진지하게 선택한 목표에 도달하기 위해 꼭 필요한 기본 정보와 훌륭한 아이디어를 얻었습니다. 시간 날 때마다 이 책을 자주, 다시 읽어보십시오. 첫 번째와 두 번째 독서에서 놓친 것이 얼마나 많은지 알고 놀랄 것입니다. 읽을 때마다 새로운 생각들이 우리의 관심을 끌어당기고, 상상력이 강하게 발동되거나, 실행에 옮기겠다는 의지가 강화될 것입니다.

이 책을 포함한 나이팅게일-코넌트의 자료를 성공의 파트너라고 생각하십시오. 언제든 다시 참조해도 좋습니다. 삶에 새로운 의미와 보상이 다가올 때마다 경험하게 될 새로운 열정이 당신을 기쁘게 해줄 것입니다.

감사를 전합니다.

>지금의 당신은
>지금까지 살아오는 동안
>당신이 한 생각들의 총합이다.
>— 얼 나이팅게일

옮긴이. 정지현

스무 살 때 남동생의 부탁으로 두툼한 신디사이저 사용설명서를 번역해준 것을 계기로 번역의 매력과 재미에 빠졌다. 대학 졸업 후 출판번역 에이전시 베네트랜스 전속 번역가로 활동 중이며 현재 미국에 거주하면서 책을 번역한다. 옮긴 책으로는 《행동하지 않으면 인생은 바뀌지 않는다》, 《우리는 모두 죽는다는 것을 기억하라》, 《사람은 생각하는 대로 된다》, 《타이탄의 도구들》 등 다수가 있다.

걱정하지 마라 생각대로 된다

1판 1쇄 발행 2025년 5월 7일

지은이. 얼 나이팅게일
옮긴이. 정지현
기획편집. 김은영, 하선정
마케팅. 이운섭
디자인. MALLYBOOK 최윤선, 오미인, 조여름

펴낸곳. 생각지도
출판등록. 제2015-000165호
전화. 02-547-7425
팩스. 0505-333-7425
이메일. thmap@naver.com
블로그. blog.naver.com/thmap
인스타그램. @thmap_books

ISBN 979-11-87875-47-5 (03320)

책값은 뒤표지에 있습니다.
잘못된 책은 구입하신 곳에서 교환해 드립니다.
신저작권법에 의해 보호를 받는 저작물이므로 무단전재와 무단복제를 금합니다.